AF628512

André Franquin + Jean-Claude Fournier +
Tome & Janry + Vehlmann & Yoann

AM ANDEREN ENDE ANGST

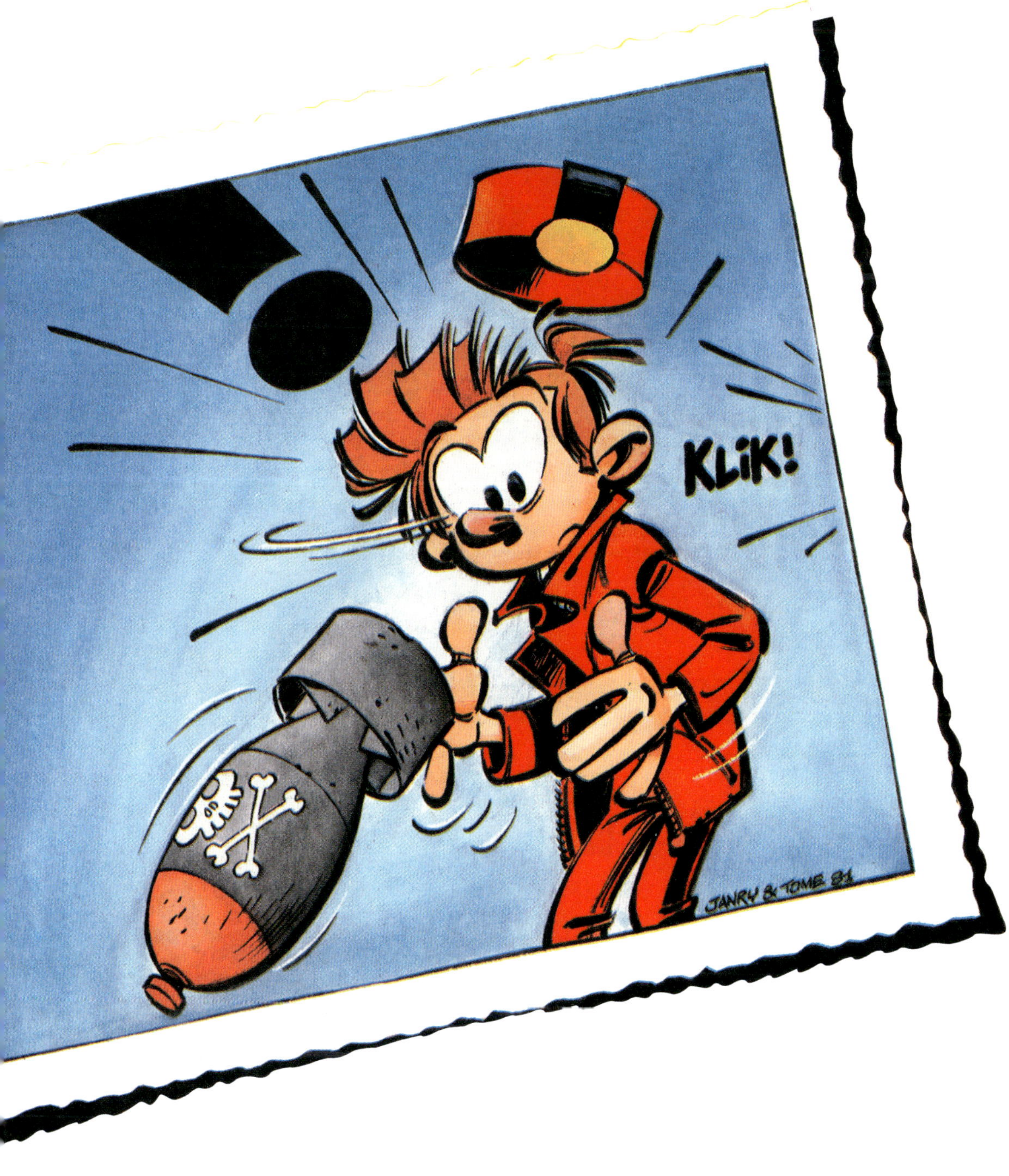

CARLSEN COMICS

SPIROU+FANTASIO

INHALT

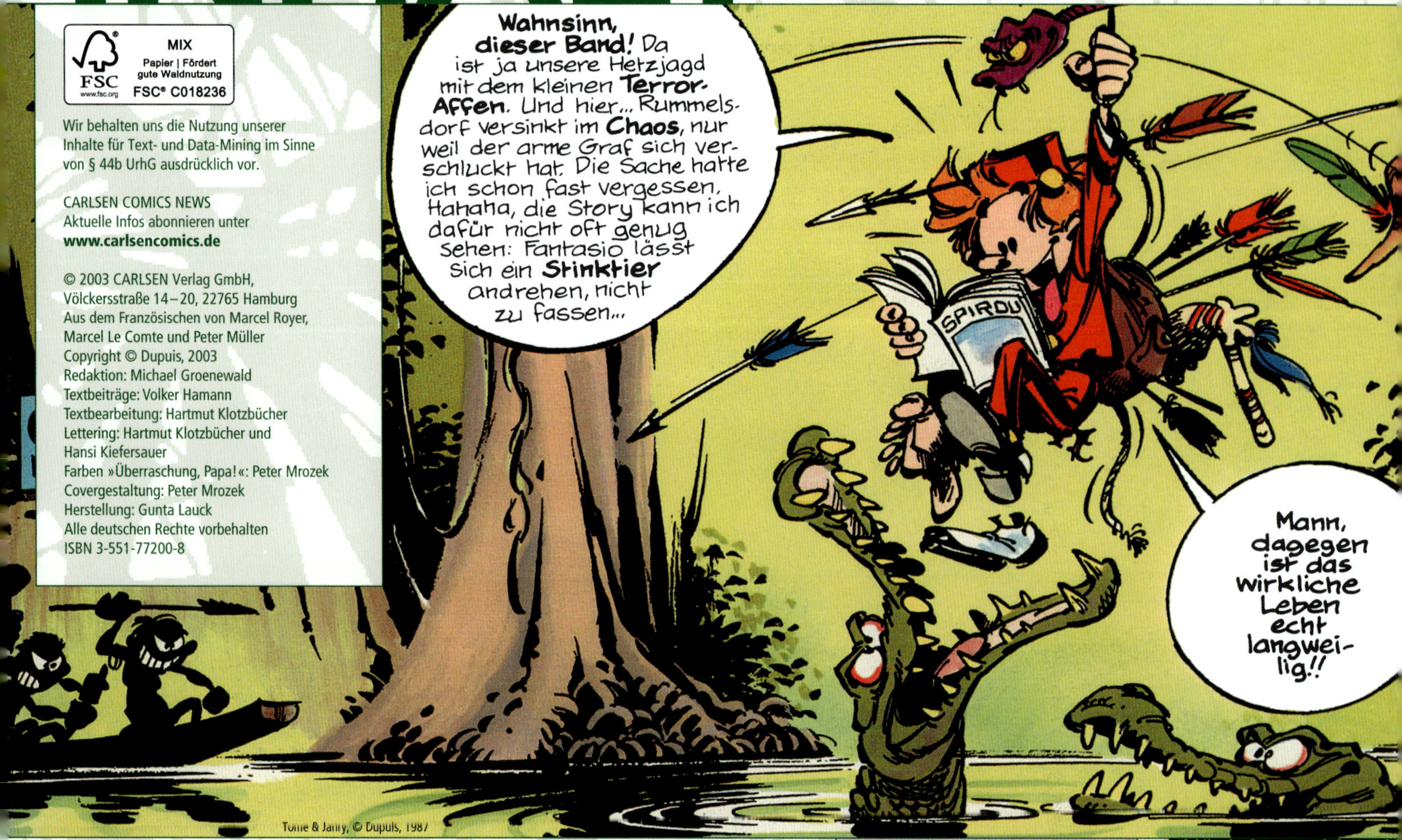

MIX
Papier | Fördert gute Waldnutzung
FSC® C018236

Völckersstraße 14–20, 22765 Hamburg
Aus dem Französischen von Marcel Royer, Marcel Le Comte und Peter Müller

Redaktion: Michael Groenewald
Textbeiträge: Volker Hamann
Textbearbeitung: Hartmut Klotzbücher
Lettering: Hartmut Klotzbücher und Hansi Kiefersauer
Farben »Überraschung, Papa!«: Peter Mrozek
Covergestaltung: Peter Mrozek
Herstellung: Gunta Lauck

ISBN 3-551-77200-8

COMIC

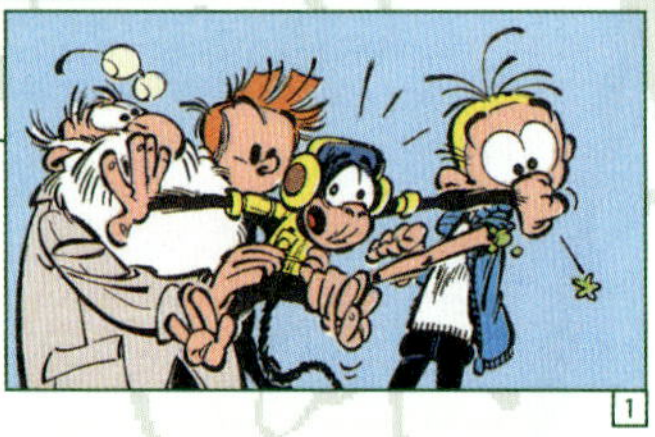

1

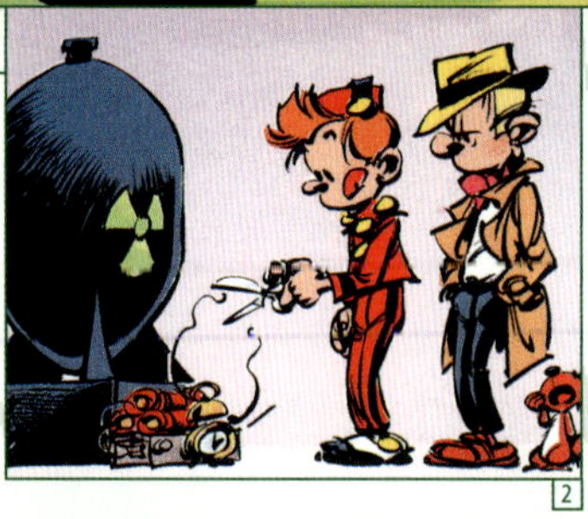

2

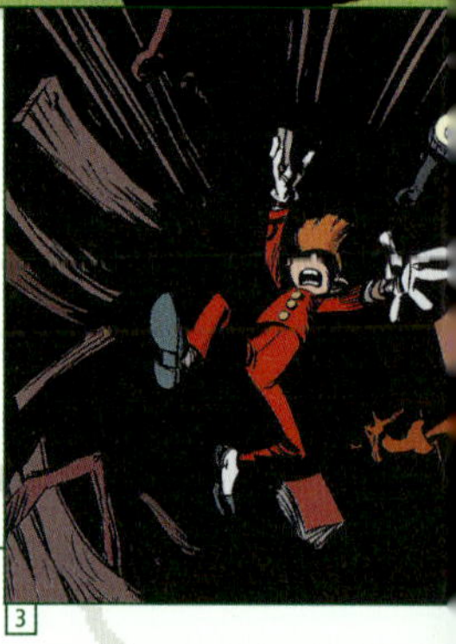

3

DIE WELT VON SPIROU UND FANTASIO

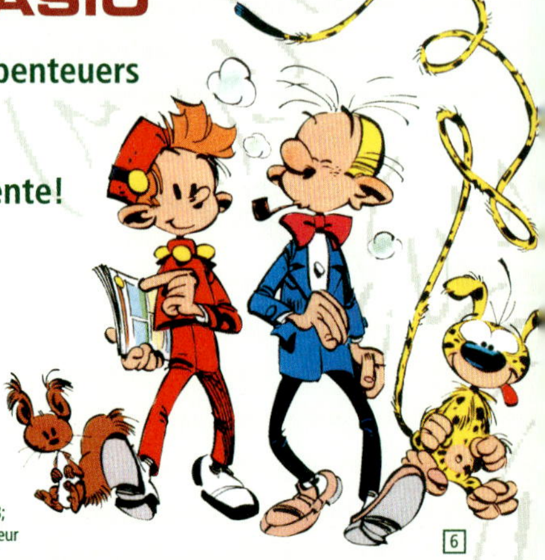

6

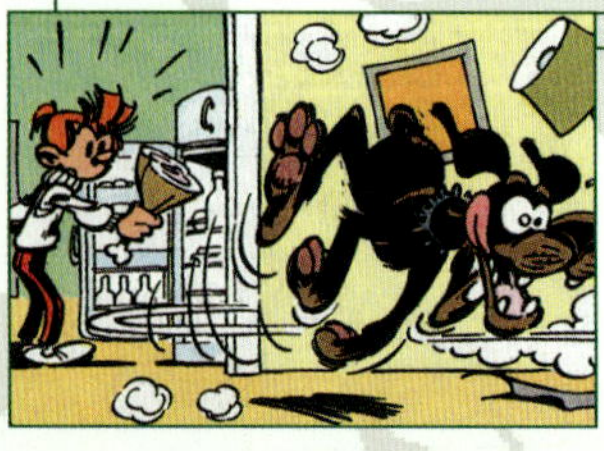

4

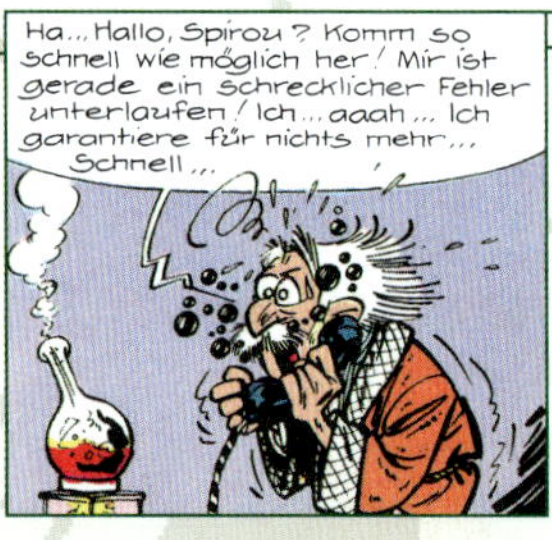

5

Die Hauptdarsteller
ECHTE HELDEN

Vorhang auf für das große Abenteuer!

Größenwahnsinnige Wissenschaftler, Amok laufende Androiden und tödliche Viren, Verbrecherbanden, lebende Dinosaurier und Zeitreisende aus der Zukunft, Geheimdienstintrigen, aberwitzige Diktatoren... Das sind die täglichen Nöte und Sorgen, mit denen sich Spirou und Fantasio herumzuschlagen haben. Gemeinsam mit ihren Freunden, dem pfiffigen Eichhörnchen Pips, dem schrulligen Grafen von Rummelsdorf und dem gelb-schwarz gefleckten Wundertier Marsupilami sind die beiden stets dort, wo die Action ist!

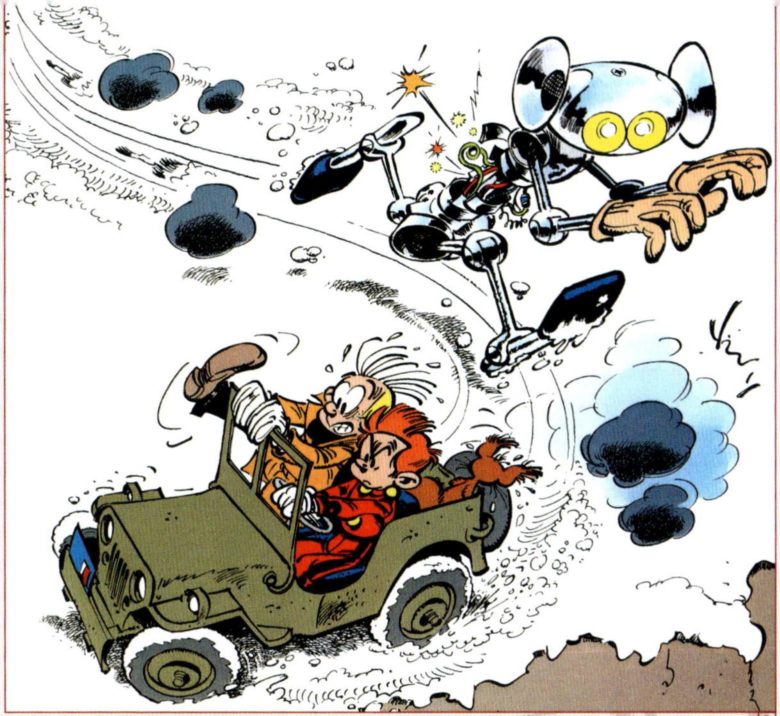

Haarscharf die Kurve gekriegt: Spirou und Fantasio in Action! 2

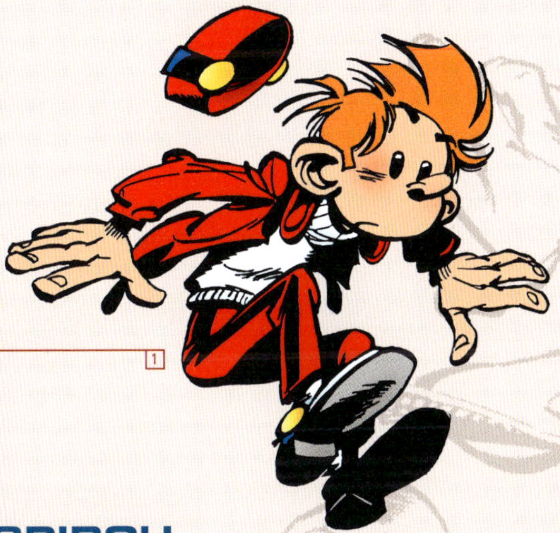

1

SPIROU

Der abenteuerlustige Draufgänger mit der roten Mütze begann seine Karriere als Page im Hotel »Moustic«. Über viele Jahre trug Spirou deshalb seine rote Uniform mit den goldenen Knöpfen, obwohl er schon lange nicht mehr an seiner ursprünglichen Wirkungsstätte arbeitet. Stattdessen reist er an der Seite seines Freundes Fantasio durch die Welt und erlebt aufregende Abenteuer mit fiesen Schurken, verrückten Wissenschaftlern und spaßigen Wundertieren. Und selbst in den ausweglosesten Situationen behält der clevere Rotschopf dabei einen kühlen Kopf.

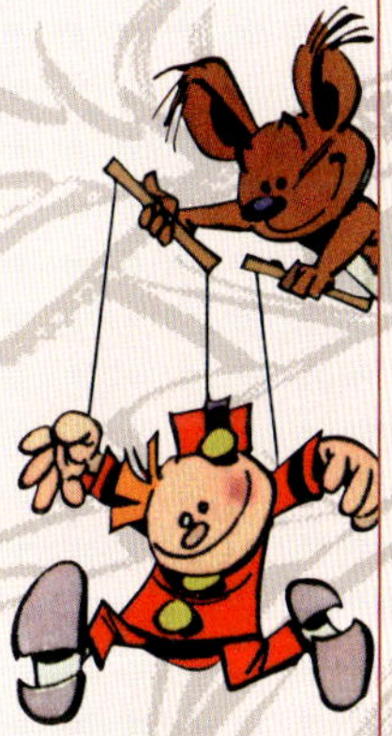

1

PIPS

Das putzige Eichhörnchen ist der treue Wegbegleiter von Spirou. Pips hat für jede nur erdenkliche Lebenslage einen vorwitzigen Kommentar auf Lager, und nicht selten gehen brenzlige Situationen für die Freunde nur deshalb gut aus, weil sie auf ihren kleinen pelzigen Gefährten mit dem untrüglichen Riecher für zwielichtige Gestalten hören. Mit dem Marsupilami, das vorübergehend das Team um Spirou ergänzte, verstand sich Pips von Anfang an prächtig.

FANTASIO

Bei allen Abenteuern steht Spirou sein bester Freund, der rasende Reporter Fantasio, zur Seite. Oder besser: Spirou steht ihm zur Seite. Denn oft ist es Fantasios Beruf, der die beiden in die heikelsten Situationen und auf gefahrvolle Reisen führt. Der liebenswürdige Hobbybastler kann ab und zu ganz schön aus der Haut fahren. Aber wen wundert's? Schließlich hat Fantasio nicht nur unter durchgeknallten Erfindern, Verbrechern oder Folterknechten zu leiden, sondern auch unter seiner coolen Kollegin Steffani, die ihm meist eine Nasenlänge voraus ist. Wenn er dann im Büro auch noch Opfer eines der Experimente des chaotischen Redaktionsboten Gaston wird, ist das Maß voll!

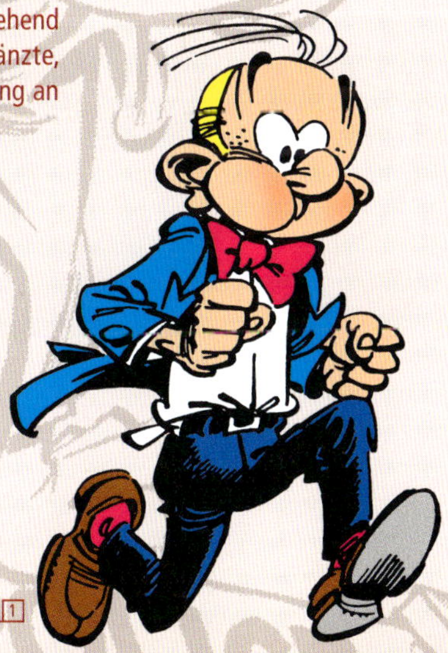

1

HELDENALLTAG

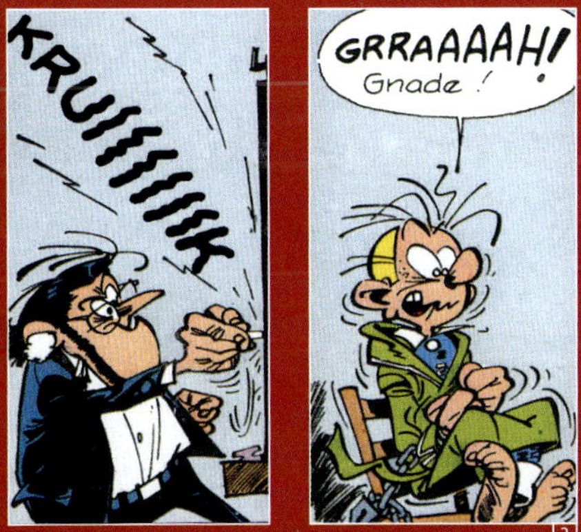

Nervenkitzel! (»QRN ruft Bretzelburg«) 3

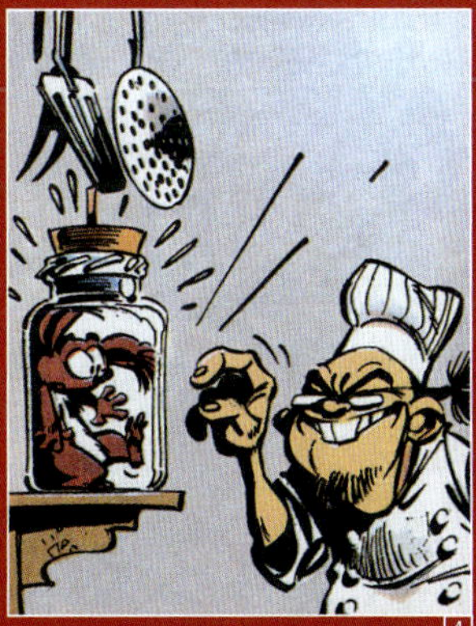

Horror! (»Abenteuer in New York«) 4

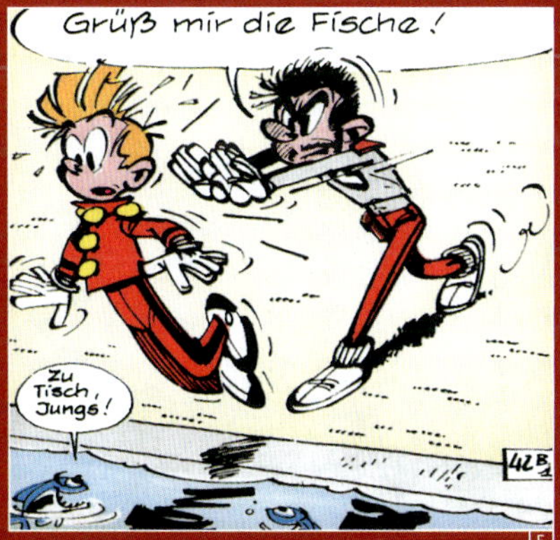

Todesgefahr! (»Im Banne des Z«) 5

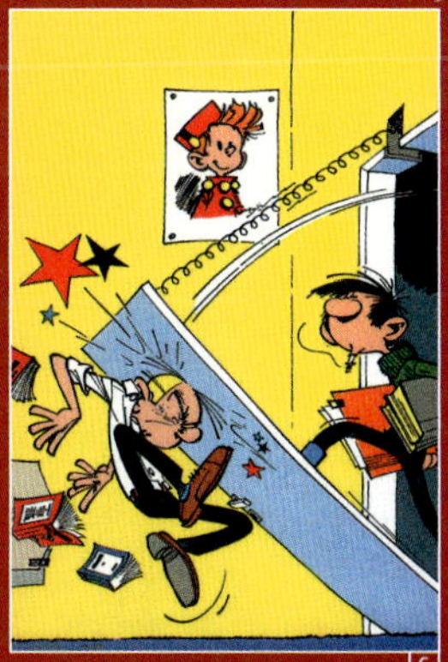

Irrwitz! (Fantasio und Gaston) 6

ECHTE HELDEN

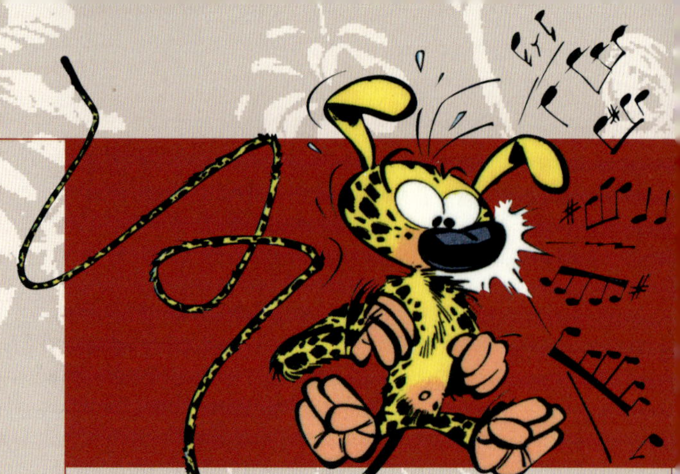

DER GRAF VON RUMMELSDORF

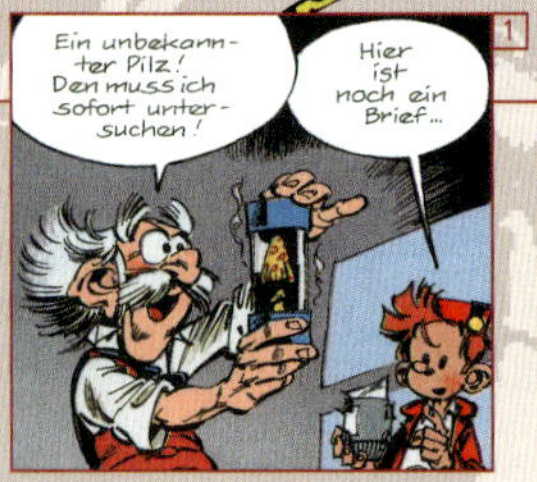

1

Frischer Pilz, neues Abenteuer!

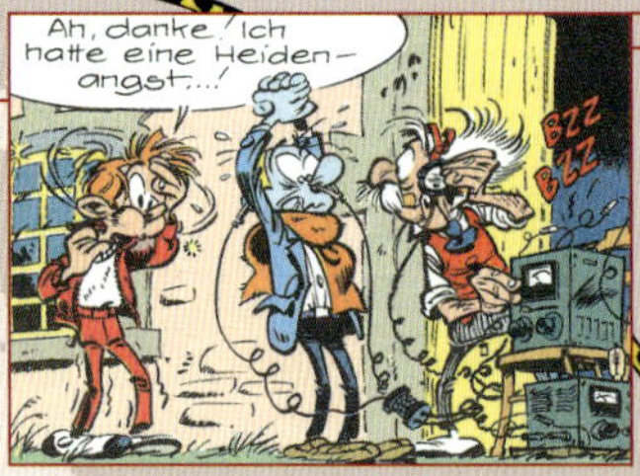

2

Nicht blaumachen! Der Graf im Kampf gegen die Auswirkungen fieser Zyklostrahlen.

Pankratius Hieronymus Ladislaus Adalbert von Rummelsdorf ist ein Mann der Wissenschaften. Seine umfangreichen Kenntnisse stellt der liebenswürdige Graf stets in den Dienst der Menschheit, doch leider geraten seine Erfindungen immer wieder in die Hände dubioser Gestalten und stürzen ihn und seine Freunde in turbulente Erlebnisse. Grundlage seiner biologischen Experimente sind oftmals Pilze in allen erdenklichen Variationen, mit denen Spirou und Fantasio bereits in der ersten Geschichte, »Der Zauberer von Rummelsdorf« ausgiebig Bekanntschaft schließen – ebenso wie mit dem Schloss des Grafen, das den beiden künftig als Ausgangsbasis für so manches Abenteuer dient.

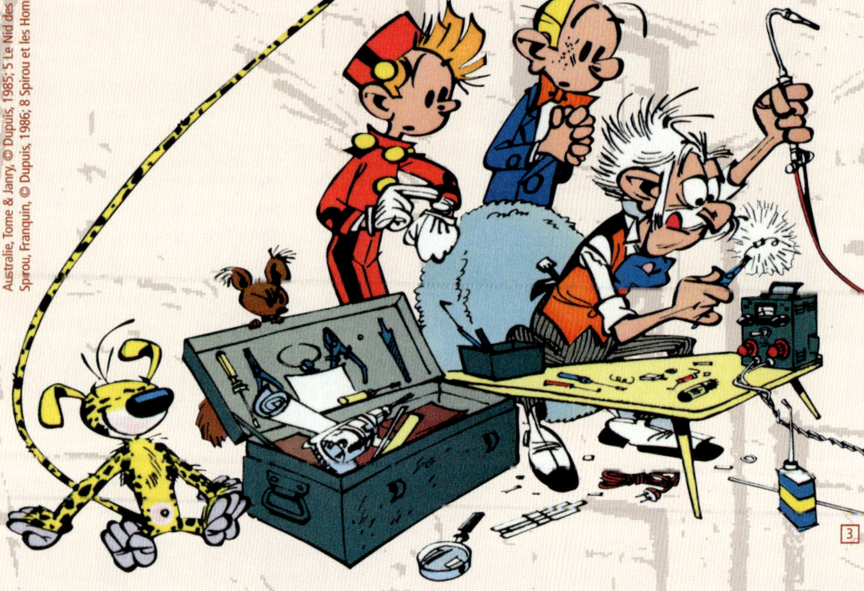
3

DAS MARSUPILAMI

Wenn es ein Wesen gibt, auf das das Wörtchen »faszinierend« wie die Faust aufs Auge passt, dann ist es das Wundertier aus dem palumbianischen Urwald. Das Marsupilami aufzuspüren und zu studieren war eine der Aufgaben, die Fantasio in der Geschichte »Eine aufregende Erbschaft« laut dem Testament seines Onkels lösen musste. Von da an sollten die »Huba! Huba!«-Rufe ihres neuen Freundes Spirou und Fantasio für lange Zeit begleiten. Im Verlauf vieler gemeinsamer Abenteuer schafft es das Marsupilami immer wieder, ihnen mit seinen außergewöhnlichen Talenten aus der Klemme zu helfen. Und eins ist garantiert: Wo sich das seltene Tier mit dem sieben Meter langen Schwanz aufhält, ist Spaß vorprogrammiert.

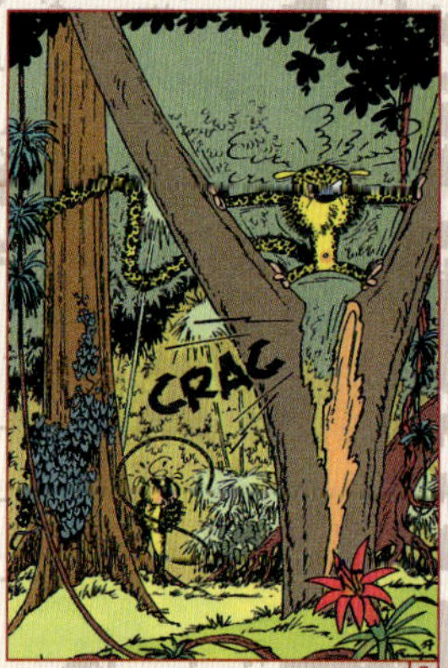

7

Kraftvolles Imponiergehabe. Ein Marsupilami-Single stellt sich vor. Ob die Lady anbeißt, verrät das Album »Das Nest im Urwald«.

STEFFANI

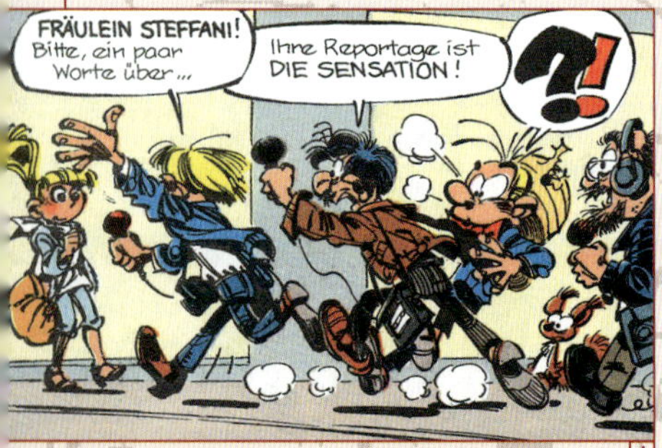

4

Armer Fantasio! Erfolg hat einen Namen – und es ist nicht deiner!

Die kesse Reporterin macht ihrem Kollegen Fantasio das Leben ganz schön schwer. An keinem Ort der Welt kann der ehrgeizige Fantasio sichergehen, dass Steffani nicht hinter der nächsten Ecke auftaucht und ihm seine Story vor der Nase wegschnappt. Richtig kalt erwischt sie ihn, als sie mit »Das Nest im Urwald« die erste ausführliche Reportage über das Marsupilami – Fantasios Entdeckung! – fertigstellt und damit die Bewunderung des Publikums einheimst. Aber Vorsicht! Wenn Steffani im Straßenverkehr unterwegs ist, sollten Fußgänger und Autofahrer besser in Deckung gehen.

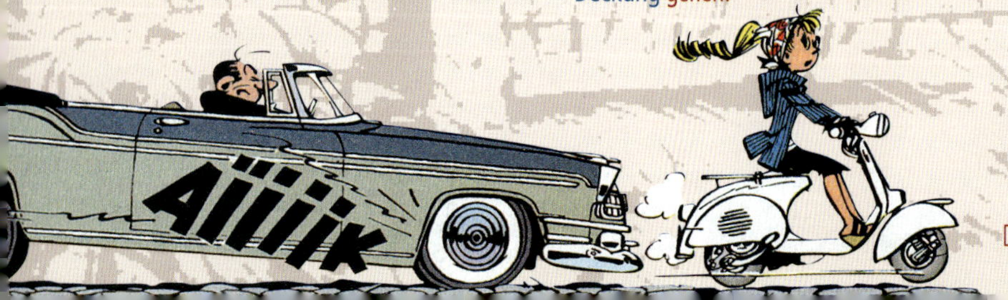

5

PRAKTISCH, SO EIN SCHWANZ...

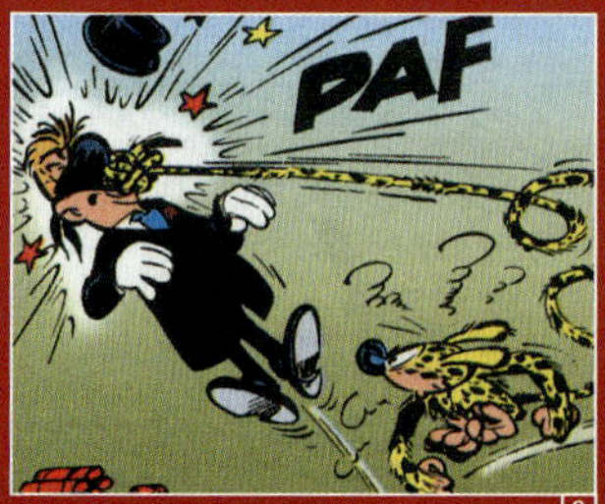

8

... für schlagende Argumente ...

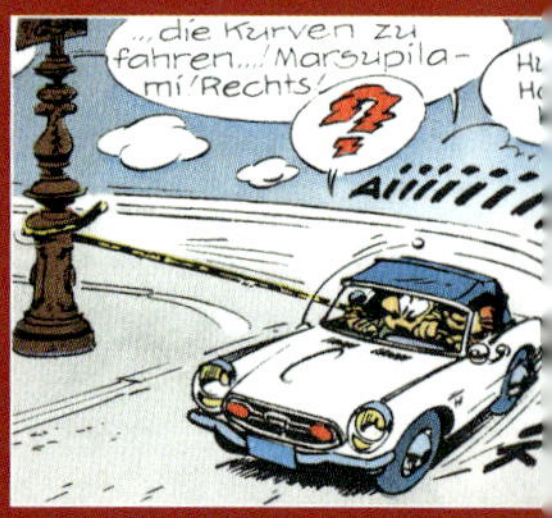

... rasante Kurven ...

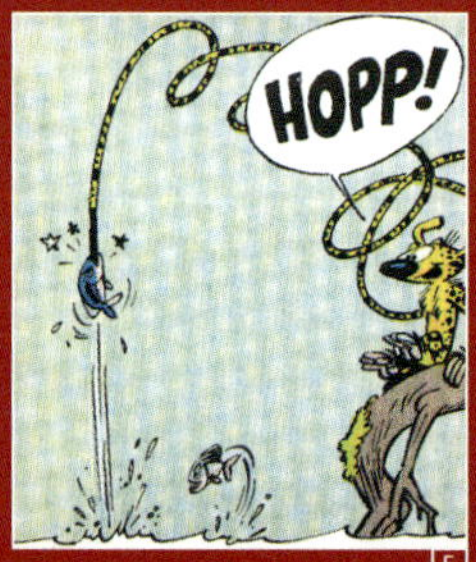

5

... kleine Fische ...

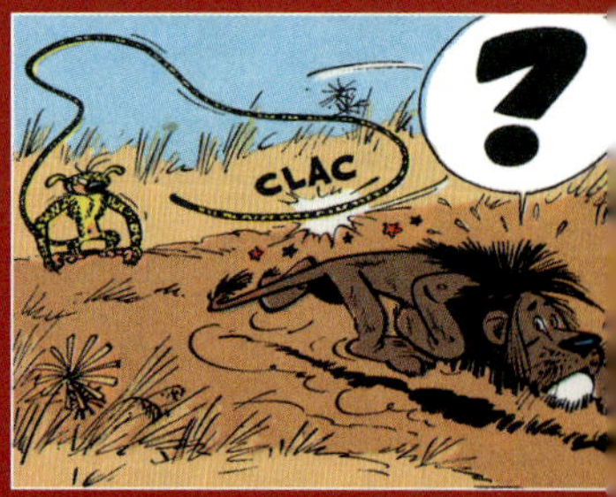

... klare Verhältnisse ...

Freunde und Gegenspieler

SCHRÄGE TYPEN[1]

Langweilig war gestern!

Was wären die Abenteuer von Spirou und Fantasio ohne coole Komplizen und durchgeknallte Gegner? Nicht halb so spaßig und aufregend! Gut also, dass die beiden einen Haufen verrückter Leute kennen. Ein ödes Leben können schließlich andere führen!

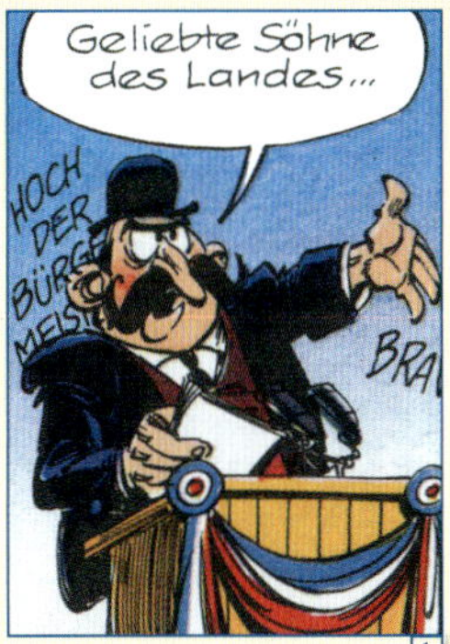

1

Der Bürgermeister: Achtung, heiße Luft!

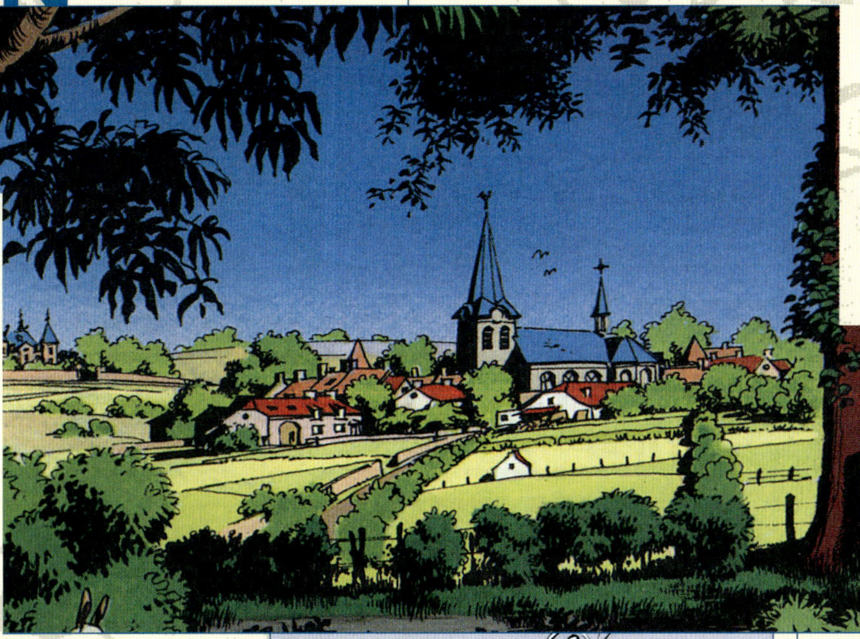

Le Rayon noir, Tome & Janry, © Dupuis, 1993

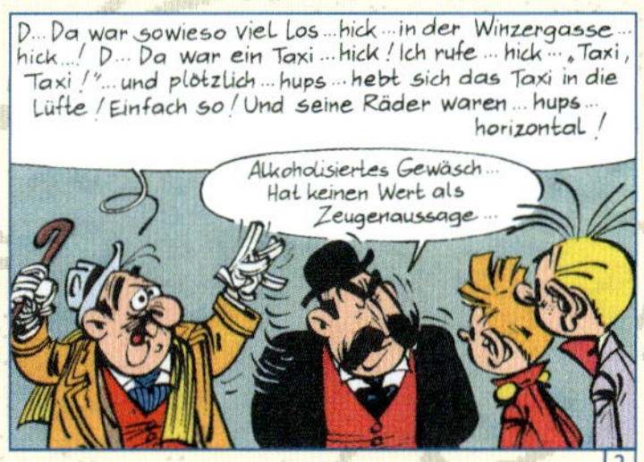

2

Salberich: Im Wein liegt die Wahrheit!

ZYKLOTROP

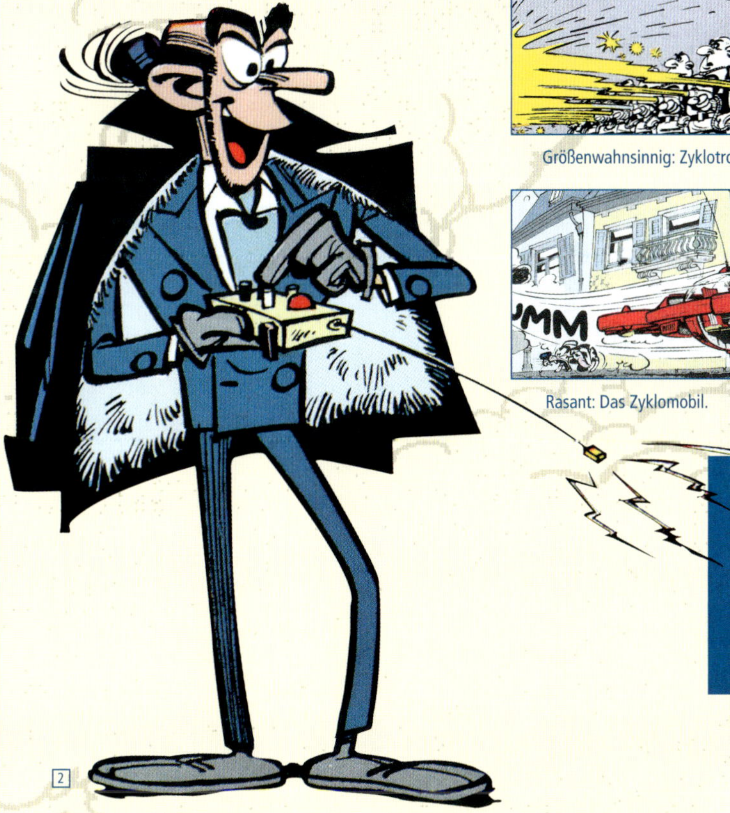

2

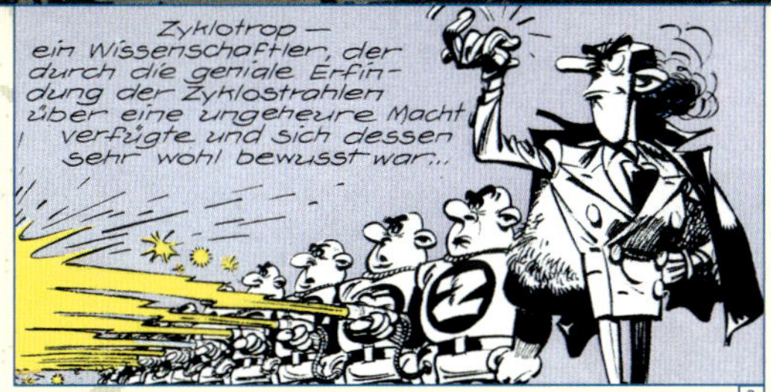

3

Größenwahnsinnig: Zyklotrop und seine Armee.

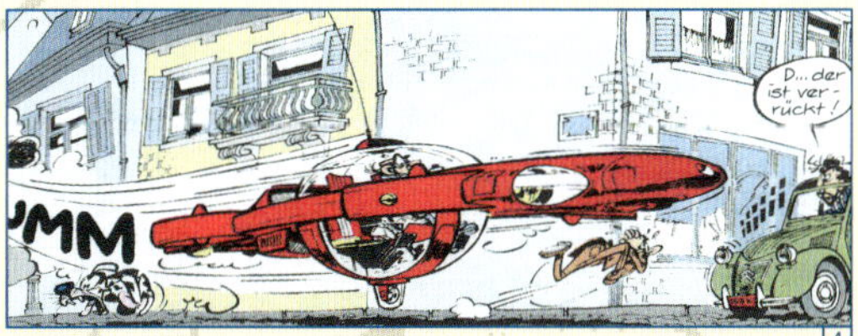

4

Rasant: Das Zyklomobil.

Der machtgierige und mindestens ebenso trottelige Zyklotrop ist ein ehemaliger Studienkollege des Grafen von Rummelsdorf. Mit Hilfe seiner Erfindungen und einer Armee gehirngewaschener »Zyklomänner« versucht er, die Weltherrschaft an sich zu reißen. Dabei ist der geniale Wissenschaftler im Grunde kein schlechter Kerl, er ist sich nur nicht im Klaren darüber, welchen Schaden er mit seinen Experimenten anrichtet. Am Ende der nervenaufreibenden Abenteuer »Der Plan des Zyklotrop« und »Im Banne des Z« hängt er seine kriminelle Karriere schließlich an den Nagel. Jedoch begegnen Spirou und Fantasio in »Die Rückkehr des Z« seinem kleinwüchsigen, aber nicht minder irrwitzigen Nachfahren, der im Jahre 2062 die Zeit kontrolliert.

DIE BEWOHNER VON RUMMELSDORF

Der wichtigste Mann in Rummelsdorf, Spirous und Fantasios liebstem Feriendomizil, ist zweifellos der Bürgermeister. Er ist pausenlos darum bemüht, aus dem verschlafenen Nest eine weltoffene und moderne Stadt zu machen. Sein Talent, mit vielen Worten nichts zu sagen, und seine ständigen Versuche, sich selbst ein Denkmal zu setzen, sind längst Legende. Der dem Alkohol zugeneigte Apotheker Salberich ist zwar stets der Erste, der von den vielen fantastischen Ereignissen in Rummelsdorf Wind bekommt, doch all seine Warnungen werden als hochprozentige Hirngespinste milde belächelt.

DER MANN MIT DEN 1000 GESICHTERN...

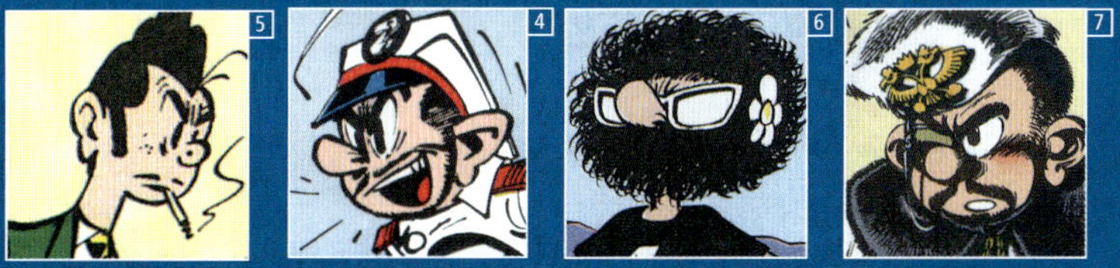

5 in Zivil | 4 General Zantas | 6 Papa Pop | 7 Prinz Tanaziof

ZANTAFIO

Fantasios krimineller Vetter taucht erstmals in der Geschichte »Eine aufregende Erbschaft« auf, wo er alles daransetzt, das Erbe ihres Onkels an sich zu reißen. Später übernimmt er als General Zantas im Abenteuer »Champignons für den Diktator« die Macht über den kleinen Staat Palumbien, in dem er in »Im Banne des Z« als Handlanger Zyklotrops gar ein weiteres Mal sein Unwesen treibt. Zantafio bleibt seinem schlechten Charakter stets treu und macht Spirou und Fantasio auch in »Tora Torapa« und »Abenteuer in Moskau« das Leben schwer.

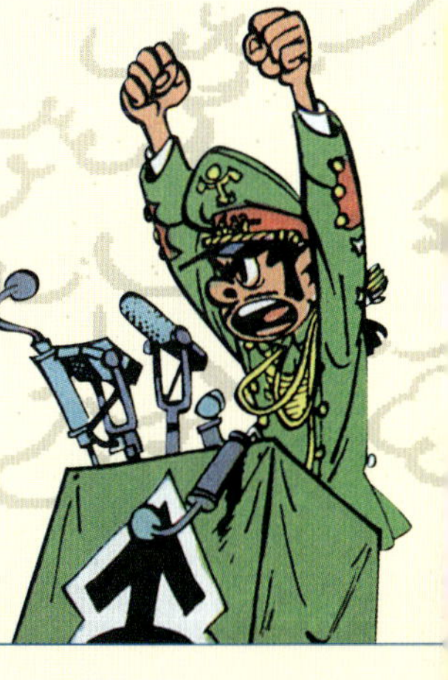

8

EINE STIMME VERSAGT DEN DIENST

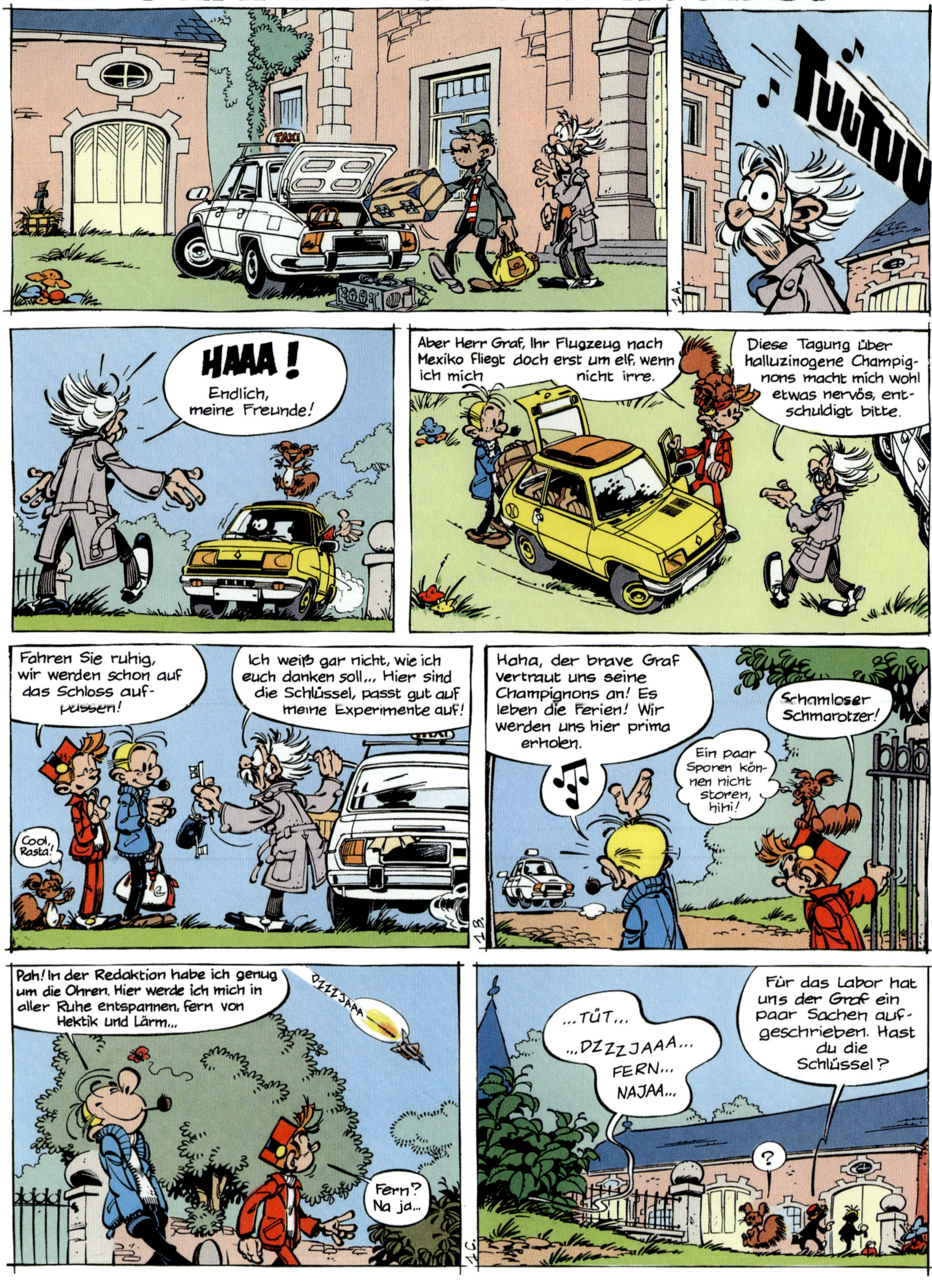

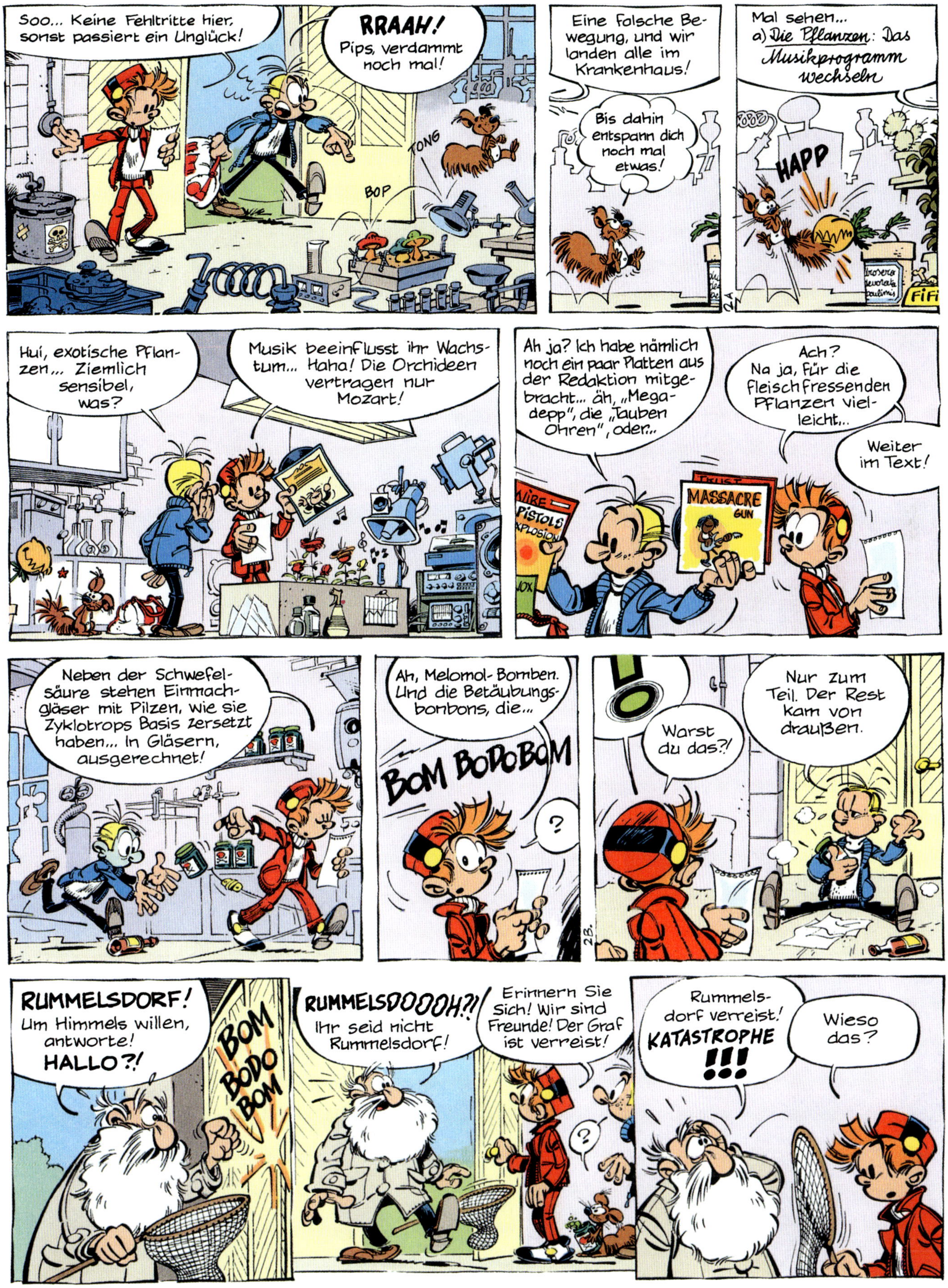

Soo... Keine Fehltritte hier, sonst passiert ein Unglück!
RRAAH! Pips, verdammt noch mal!
TONG
BOP
Eine falsche Bewegung, und wir landen alle im Krankenhaus!
Bis dahin entspann dich noch mal etwas!
Mal sehen... a) Die Pflanzen: Das Musikprogramm wechseln
HAPP
FIFI
Hui, exotische Pflanzen... Ziemlich sensibel, was?
Musik beeinflusst ihr Wachstum... Haha! Die Orchideen vertragen nur Mozart!
Ah ja? Ich habe nämlich noch ein paar Platten aus der Redaktion mitgebracht... äh, „Megadepp", die „Tauben Ohren", oder...
Ach? Na ja, für die fleischfressenden Pflanzen vielleicht...
Weiter im Text!
MASSACRE GUN
Neben der Schwefelsäure stehen Einmachgläser mit Pilzen, wie sie Zyklotrops Basis zersetzt haben... In Gläsern, ausgerechnet!
Ah, Melomol-Bomben. Und die Betäubungsbonbons, die...
BOM BODOBOM
?
Warst du das?!
Nur zum Teil. Der Rest kam von draußen.
RUMMELSDORF! Um Himmels willen, antworte! HALLO?!
BOM BODO BOM
RUMMELSDOOOOH?! Ihr seid nicht Rummelsdorf!
Erinnern Sie Sich! Wir sind Freunde! Der Graf ist verreist!
?
Rummelsdorf verreist! KATASTROPHE!!!
Wieso das?

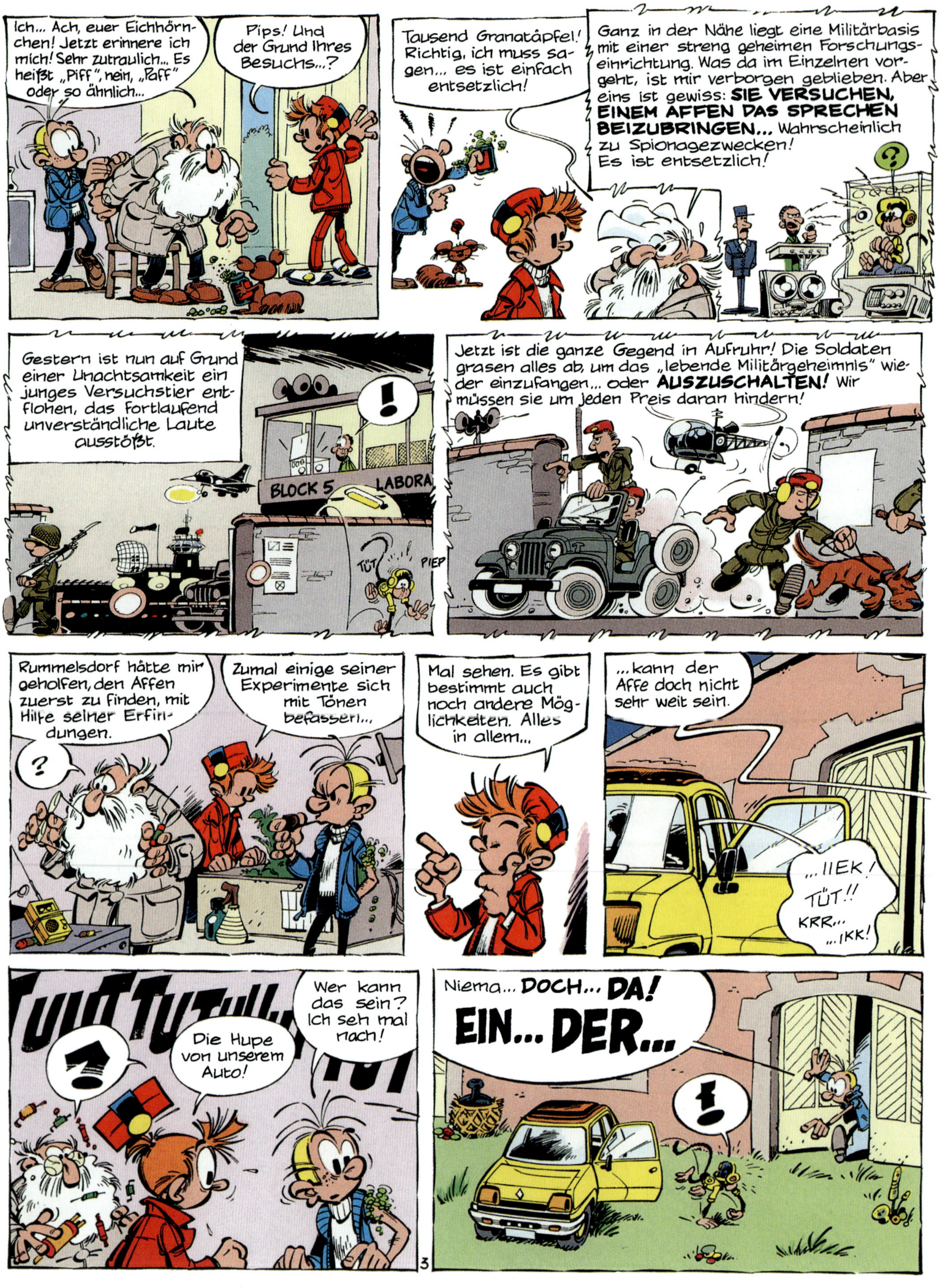

Ich... Ach, euer Eichhörnchen! Jetzt erinnere ich mich! Sehr zutraulich... Es heißt „Piff“, nein, „Paff“ oder so ähnlich...
Pips! Und der Grund Ihres Besuchs...?
Tausend Granatäpfel! Richtig, ich muss sagen... es ist einfach entsetzlich!
Ganz in der Nähe liegt eine Militärbasis mit einer streng geheimen Forschungseinrichtung. Was da im Einzelnen vorgeht, ist mir verborgen geblieben. Aber eins ist gewiss: SIE VERSUCHEN, EINEM AFFEN DAS SPRECHEN BEIZUBRINGEN... Wahrscheinlich zu Spionagezwecken! Es ist entsetzlich!
?
Gestern ist nun auf Grund einer Unachtsamkeit ein junges Versuchstier entflohen, das fortlaufend unverständliche Laute ausstößt.
!
BLOCK 5
LABORA
TÜT
PIEP
Jetzt ist die ganze Gegend in Aufruhr! Die Soldaten grasen alles ab, um das „lebende Militärgeheimnis“ wieder einzufangen... oder AUSZUSCHALTEN! Wir müssen sie um jeden Preis daran hindern!
Rummelsdorf hätte mir geholfen, den Affen zuerst zu finden, mit Hilfe seiner Erfindungen.
?
Zumal einige seiner Experimente sich mit Tönen befassen...
Mal sehen. Es gibt bestimmt auch noch andere Möglichkeiten. Alles in allem...
...kann der Affe doch nicht sehr weit sein.
...IIEK!
TÜT!!
KRR...
...IKK!
?
Die Hupe von unserem Auto!
Wer kann das sein? Ich seh mal nach!
Niema... DOCH... DA!
EIN... DER...
!

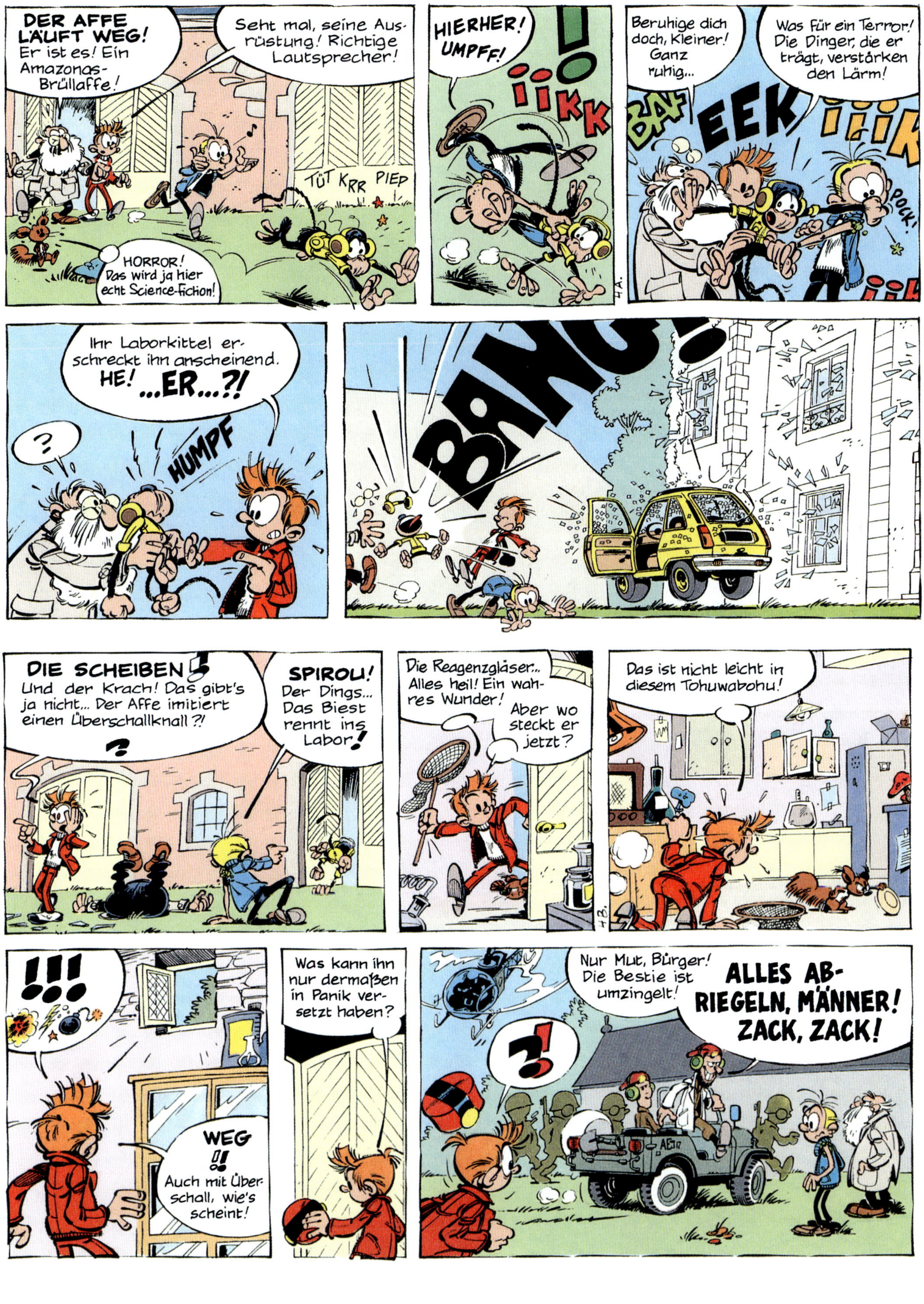

DER AFFE LÄUFT WEG! Er ist es! Ein Amazonas-Brüllaffe!
Seht mal, seine Ausrüstung! Richtige Lautsprecher!
TÜT KRR PIEP
HORROR! Das wird ja hier echt Science-Fiction!
HIERHER! UMPFF!
IIKK
Beruhige dich doch, Kleiner! Ganz ruhig...
Was für ein Terror! Die Dinger, die er trägt, verstärken den Lärm!
EEK
IIIK
POCK!
Ihr Laborkittel erschreckt ihn anscheinend. HE! ...ER...?!
?
HUMPF
BANG
DIE SCHEIBEN! Und der Krach! Das gibt's ja nicht... Der Affe imitiert einen Überschallknall?!
SPIROU! Der Dings... Das Biest rennt ins Labor!
Die Reagenzgläser... Alles heil! Ein wahres Wunder!
Aber wo steckt er jetzt?
Das ist nicht leicht in diesem Tohuwabohu!
!!!
Was kann ihn nur dermaßen in Panik versetzt haben?
WEG!! Auch mit Überschall, wie's scheint!
Nur Mut, Bürger! Die Bestie ist umzingelt!
ALLES ABRIEGELN, MÄNNER! ZACK, ZACK!

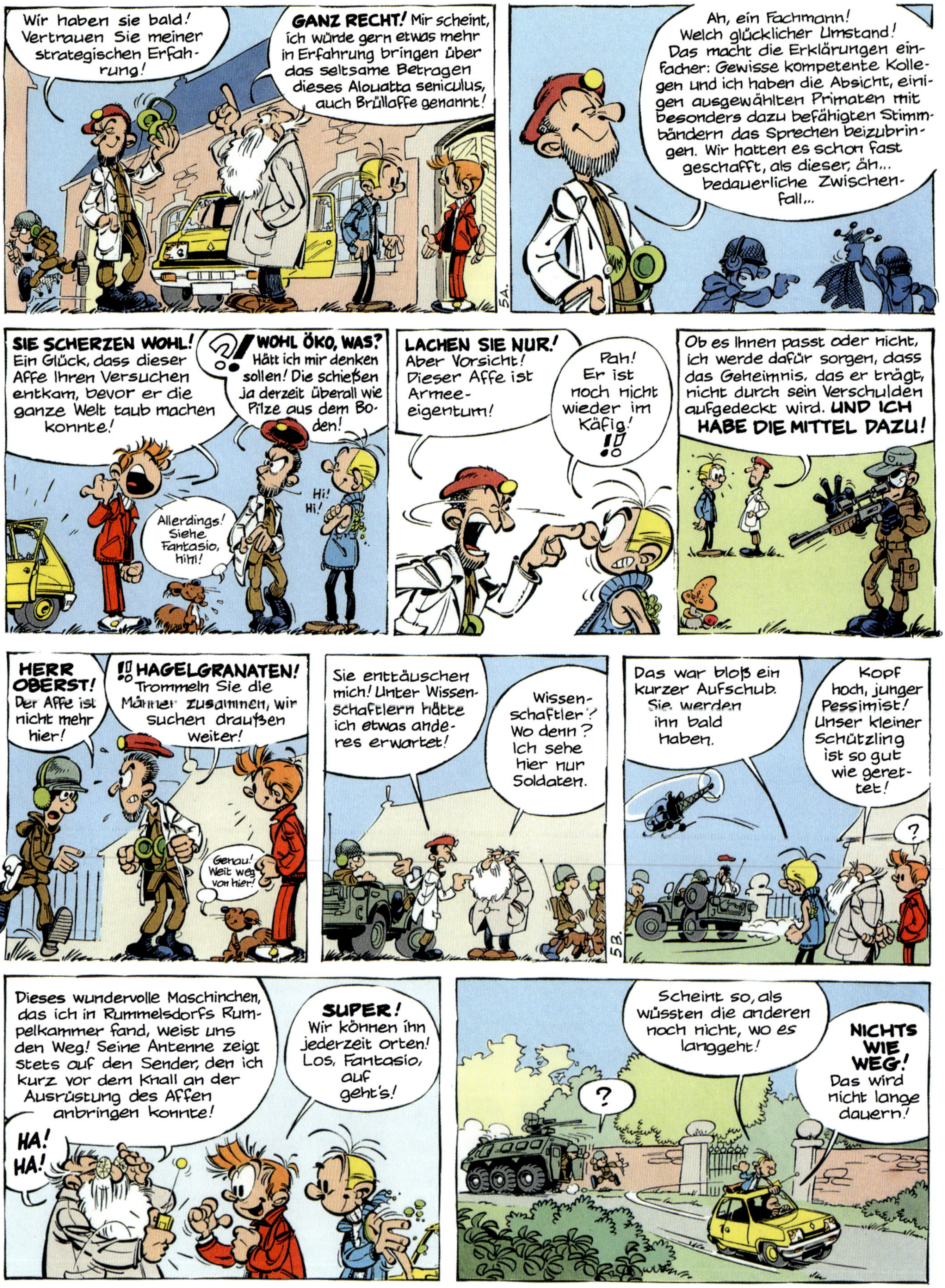
Wir haben sie bald! Vertrauen Sie meiner strategischen Erfahrung!
GANZ RECHT! Mir scheint, ich würde gern etwas mehr in Erfahrung bringen über das seltsame Betragen dieses Alouatta seniculus, auch Brüllaffe genannt!
Ah, ein Fachmann! Welch glücklicher Umstand! Das macht die Erklärungen einfacher: Gewisse kompetente Kollegen und ich haben die Absicht, einigen ausgewählten Primaten mit besonders dazu befähigten Stimmbändern das Sprechen beizubringen. Wir hatten es schon fast geschafft, als dieser, äh... bedauerliche Zwischenfall...
SIE SCHERZEN WOHL! Ein Glück, dass dieser Affe Ihren Versuchen entkam, bevor er die ganze Welt taub machen konnte!
?!
WOHL ÖKO, WAS? Hätt ich mir denken sollen! Die schießen ja derzeit überall wie Pilze aus dem Boden!
Hi! Hi!
Allerdings! Siehe Fantasio, hihi!
LACHEN SIE NUR! Aber Vorsicht! Dieser Affe ist Armeeeigentum!
Pah! Er ist noch nicht wieder im Käfig!
!!
Ob es Ihnen passt oder nicht, ich werde dafür sorgen, dass das Geheimnis, das er trägt, nicht durch sein Verschulden aufgedeckt wird. UND ICH HABE DIE MITTEL DAZU!
HERR OBERST! Der Affe ist nicht mehr hier!
!! HAGELGRANATEN! Trommeln Sie die Männer zusammen, wir suchen draußen weiter!
Genau! Weit weg von hier!
Sie enttäuschen mich! Unter Wissenschaftlern hätte ich etwas anderes erwartet!
Wissenschaftler? Wo denn? Ich sehe hier nur Soldaten.
Das war bloß ein kurzer Aufschub. Sie werden ihn bald haben.
Kopf hoch, junger Pessimist! Unser kleiner Schützling ist so gut wie gerettet!
?
Dieses wundervolle Maschinchen, das ich in Rummelsdorfs Rumpelkammer fand, weist uns den Weg! Seine Antenne zeigt stets auf den Sender, den ich kurz vor dem Knall an der Ausrüstung des Affen anbringen konnte!
HA! HA!
SUPER! Wir können ihn jederzeit orten! Los, Fantasio, auf geht's!
?
Scheint so, als wüssten die anderen noch nicht, wo es langgeht!
NICHTS WIE WEG! Das wird nicht lange dauern!

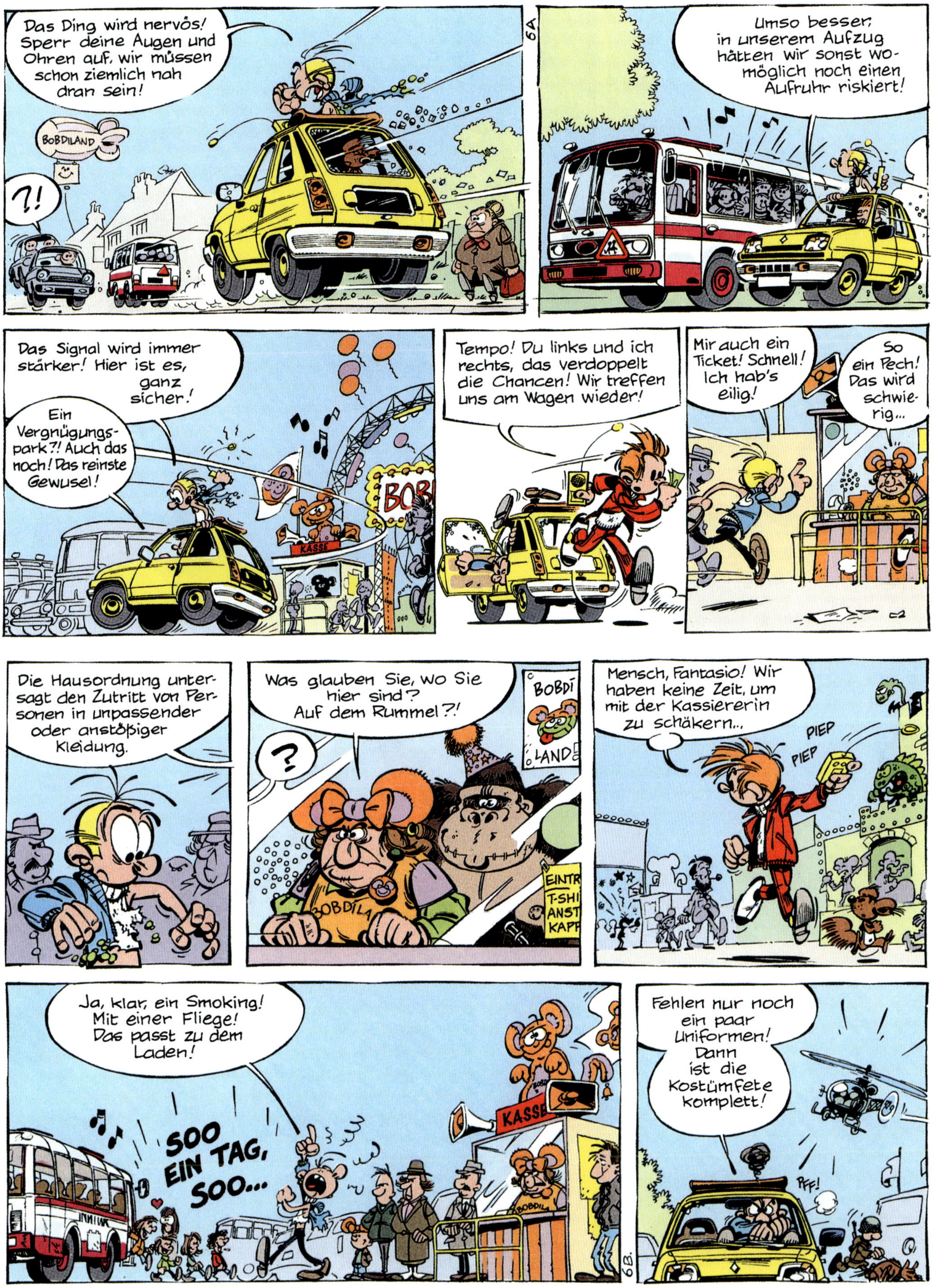
Das Ding wird nervös! Sperr deine Augen und Ohren auf, wir müssen schon ziemlich nah dran sein!
BOBDILAND
?!
Umso besser, in unserem Aufzug hätten wir sonst womöglich noch einen Aufruhr riskiert!
Das Signal wird immer stärker! Hier ist es, ganz sicher!
Ein Vergnügungspark?! Auch das noch! Das reinste Gewusel!
KASSE
Tempo! Du links und ich rechts, das verdoppelt die Chancen! Wir treffen uns am Wagen wieder!
Mir auch ein Ticket! Schnell! Ich hab's eilig!
So ein Pech! Das wird schwierig...
Die Hausordnung untersagt den Zutritt von Personen in unpassender oder anstößiger Kleidung.
Was glauben Sie, wo Sie hier sind? Auf dem Rummel?!
?
BOBDI LAND
Mensch, Fantasio! Wir haben keine Zeit, um mit der Kassiererin zu schäkern...
PIEP
PIEP
Ja, klar, ein Smoking! Mit einer Fliege! Das passt zu dem Laden!
SOO EIN TAG, SOO...
KASSE
Fehlen nur noch ein paar Uniformen! Dann ist die Kostümfete komplett!
PFF!

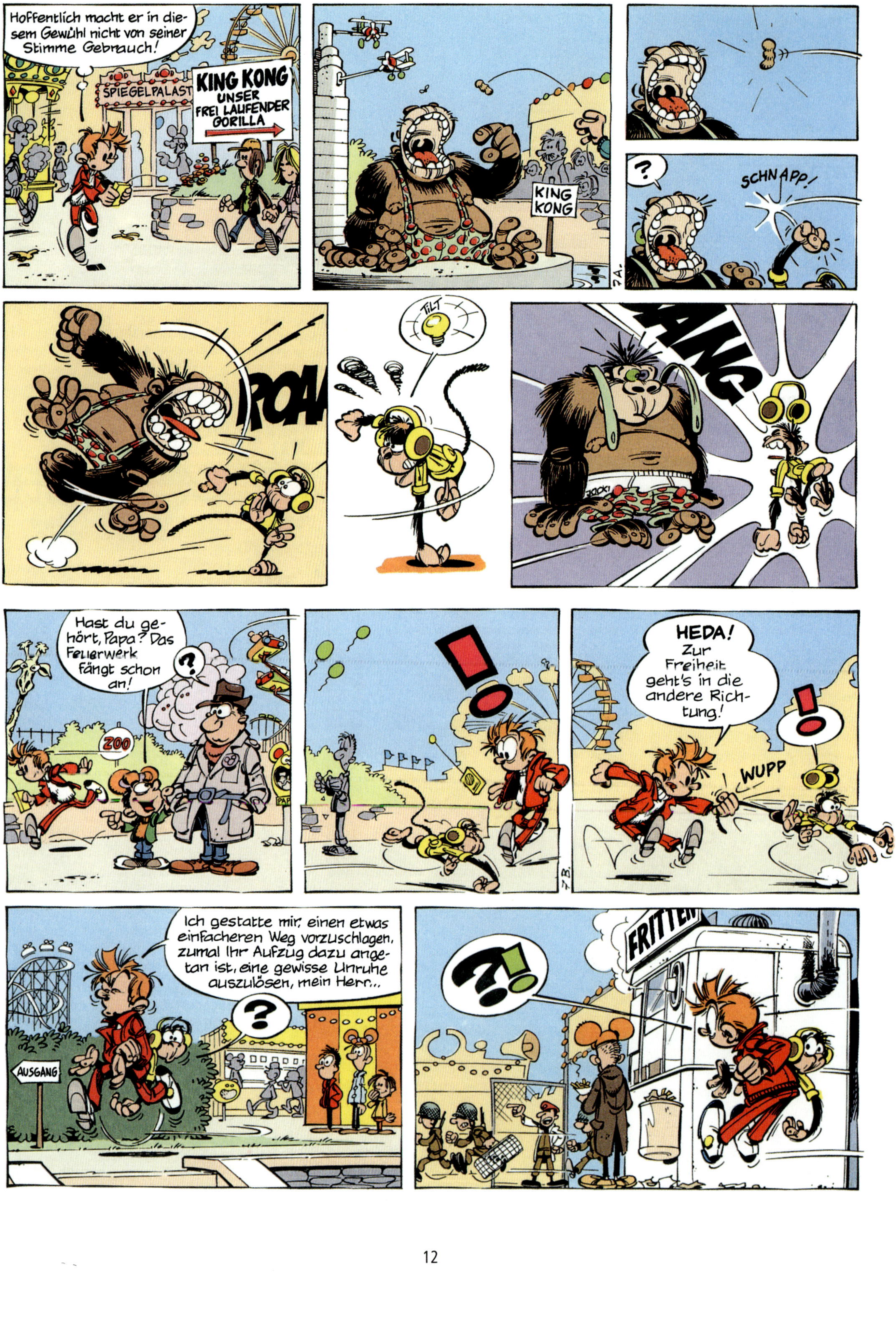

Hoffentlich macht er in diesem Gewühl nicht von seiner Stimme Gebrauch!
SPIEGELPALAST
KING KONG UNSER FREI LAUFENDER GORILLA
KING KONG
?
SCHNAPP!
ROAA
TILT
Hast du gehört, Papa? Das Feuerwerk fängt schon an!
?
ZOO
HEDA! Zur Freiheit geht's in die andere Richtung!
WUPP
Ich gestatte mir, einen etwas einfacheren Weg vorzuschlagen, zumal Ihr Aufzug dazu angetan ist, eine gewisse Unruhe auszulösen, mein Herr...
AUSGANG
?

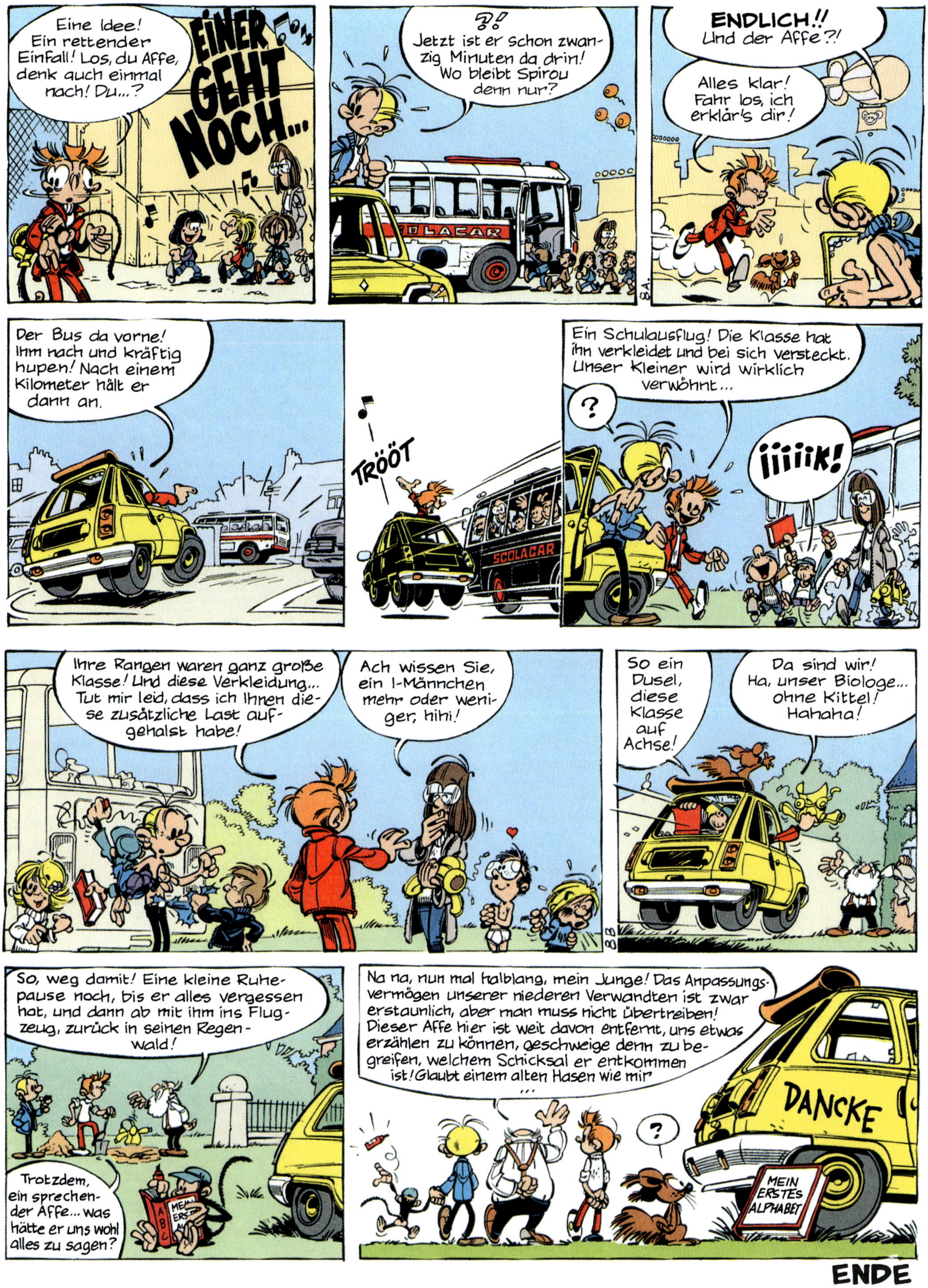

Eine Idee! Ein rettender Einfall! Los, du Affe, denk auch einmal nach! Du...?
EINER GEHT NOCH...
?!
Jetzt ist er schon zwanzig Minuten da drin! Wo bleibt Spirou denn nur?
SCOLACAR
ENDLICH!! Und der Affe?!
Alles klar! Fahr los, ich erklär's dir!
Der Bus da vorne! Ihm nach und kräftig hupen! Nach einem Kilometer hält er dann an.
TRÖÖT
SCOLACAR
Ein Schulausflug! Die Klasse hat ihn verkleidet und bei sich versteckt. Unser Kleiner wird wirklich verwöhnt...
?
¡¡¡¡¡K!
Ihre Rangen waren ganz große Klasse! Und diese Verkleidung... Tut mir leid, dass ich Ihnen diese zusätzliche Last aufgehalst habe!
Ach wissen Sie, ein I-Männchen mehr oder weniger, hihi!
So ein Dusel, diese Klasse auf Achse!
Da sind wir! Ha, unser Biologe... ohne Kittel! Hahaha!
So, weg damit! Eine kleine Ruhepause noch, bis er alles vergessen hat, und dann ab mit ihm ins Flugzeug, zurück in seinen Regenwald!
Trotzdem, ein sprechender Affe... was hätte er uns wohl alles zu sagen?
Na na, nun mal halblang, mein Junge! Das Anpassungsvermögen unserer niederen Verwandten ist zwar erstaunlich, aber man muss nicht übertreiben! Dieser Affe hier ist weit davon entfernt, uns etwas erzählen zu können, geschweige denn zu begreifen, welchem Schicksal er entkommen ist! Glaubt einem alten Hasen wie mir ...
?
DANCKE
MEIN ERSTES ALPHABET
ENDE

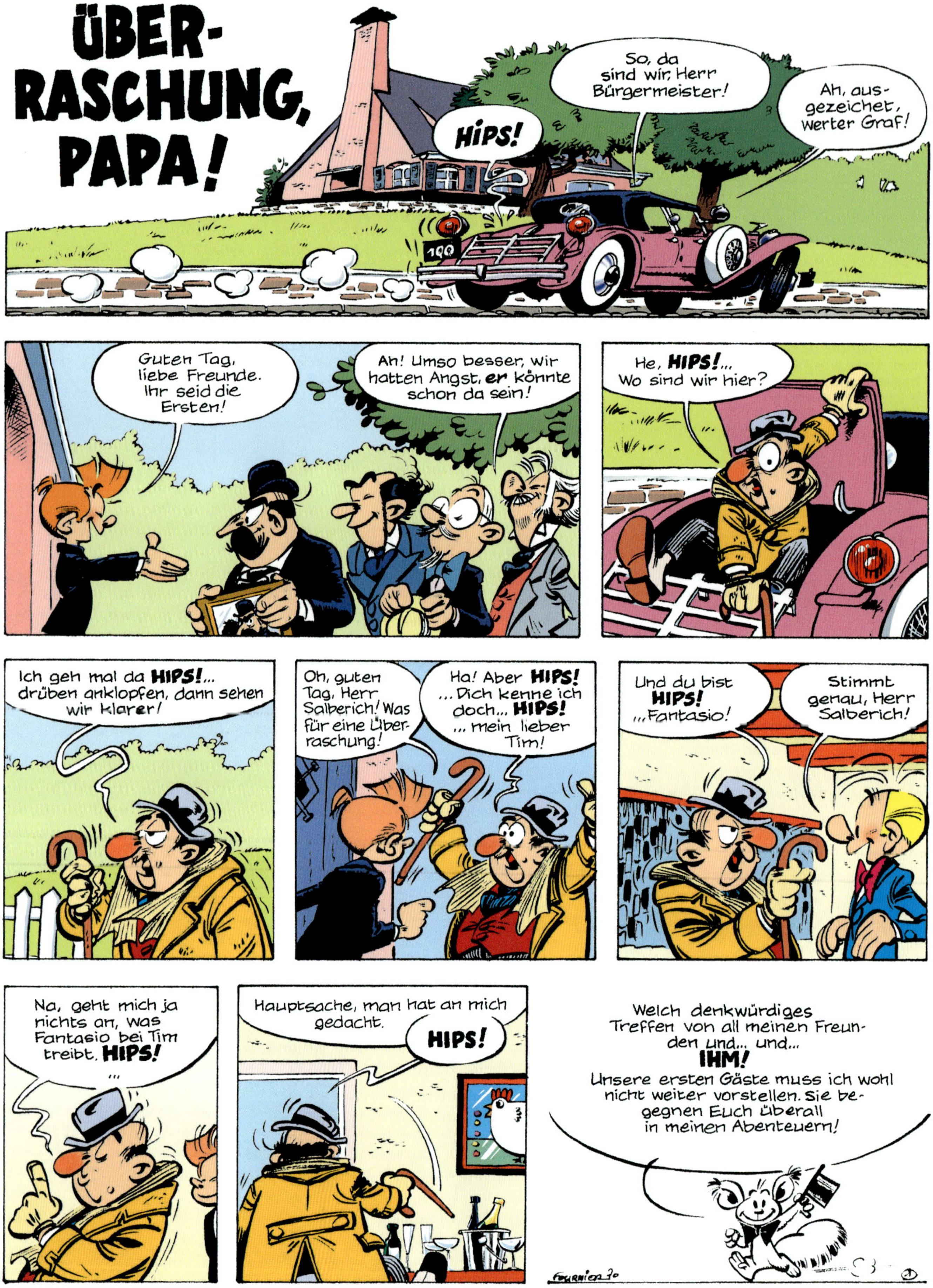
ÜBER-RASCHUNG, PAPA!
HIPS!
So, da sind wir, Herr Bürgermeister!
Ah, ausgezeichet, werter Graf!
Guten Tag, liebe Freunde. Ihr seid die Ersten!
Ah! Umso besser, wir hatten Angst, **er** könnte schon da sein!
He, **HIPS!**... Wo sind wir hier?
Ich geh mal da **HIPS!**... drüben anklopfen, dann sehen wir klarer!
Oh, guten Tag, Herr Salberich! Was für eine Überraschung!
Ha! Aber **HIPS!** ... Dich kenne ich doch... **HIPS!** ... mein lieber Tim!
Und du bist **HIPS!** ...Fantasio!
Stimmt genau, Herr Salberich!
Na, geht mich ja nichts an, was Fantasio bei Tim treibt. **HIPS!**
...
Hauptsache, man hat an mich gedacht.
HIPS!
Welch denkwürdiges Treffen von all meinen Freunden und... und... **IHM!**
Unsere ersten Gäste muss ich wohl nicht weiter vorstellen. Sie begegnen Euch überall in meinen Abenteuern!

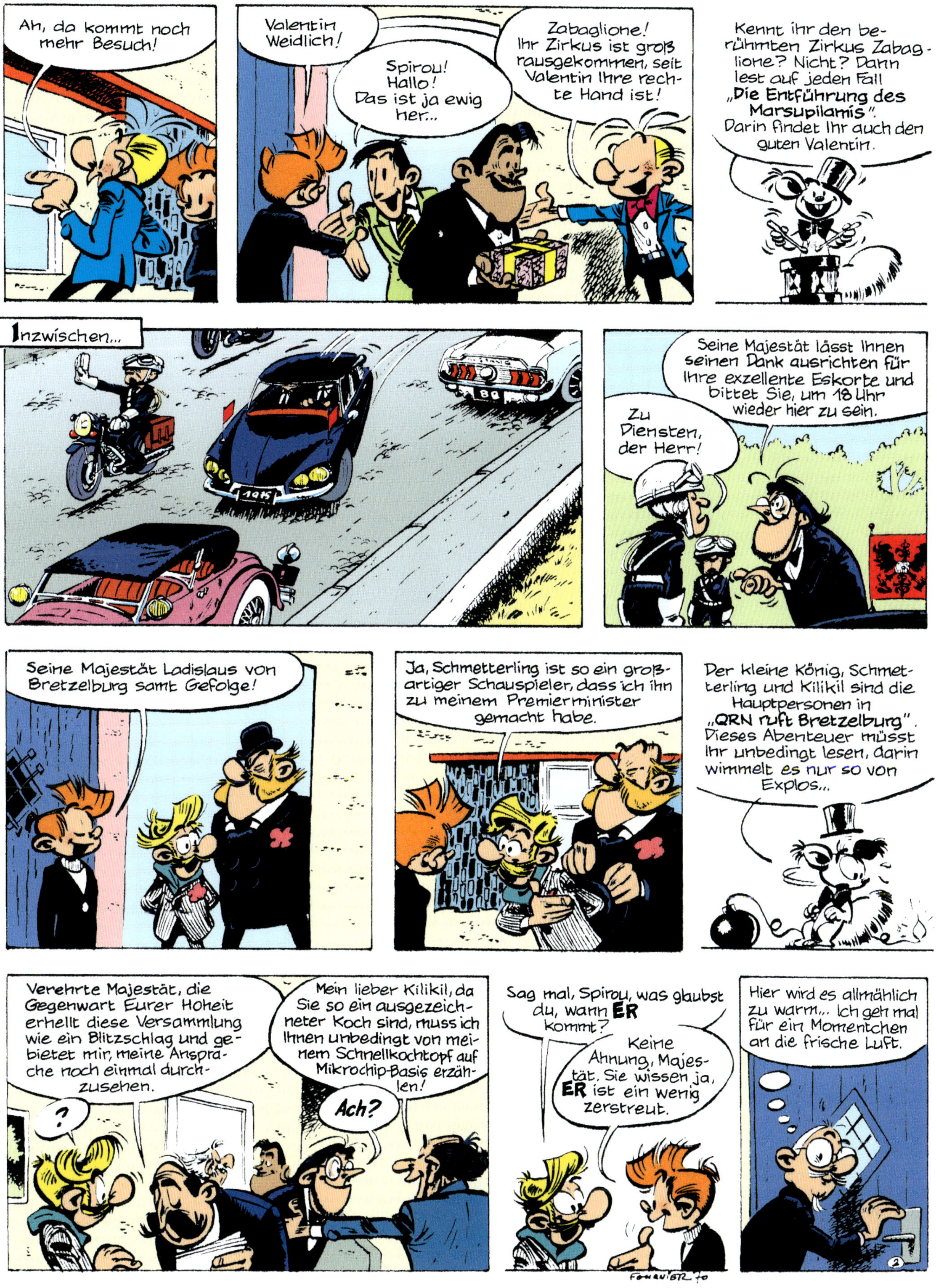
Ah, da kommt noch mehr Besuch!
Valentin Weidlich!
Spirou! Hallo! Das ist ja ewig her...
Zabaglione! Ihr Zirkus ist groß rausgekommen, seit Valentin Ihre rechte Hand ist!
Kennt ihr den berühmten Zirkus Zabaglione? Nicht? Dann lest auf jeden Fall „Die Entführung des Marsupilamis". Darin findet Ihr auch den guten Valentin.
Inzwischen...
Seine Majestät lässt Ihnen seinen Dank ausrichten für Ihre exzellente Eskorte und bittet Sie, um 18 Uhr wieder hier zu sein.
Zu Diensten, der Herr!
Seine Majestät Ladislaus von Bretzelburg samt Gefolge!
Ja, Schmetterling ist so ein großartiger Schauspieler, dass ich ihn zu meinem Premierminister gemacht habe.
Der kleine König, Schmetterling und Kilikil sind die Hauptpersonen in „QRN ruft Bretzelburg". Dieses Abenteuer müsst Ihr unbedingt lesen, darin wimmelt es nur so von Explos...
Verehrte Majestät, die Gegenwart Eurer Hoheit erhellt diese Versammlung wie ein Blitzschlag und gebietet mir, meine Ansprache noch einmal durchzusehen.
Mein lieber Kilikil, da Sie so ein ausgezeichneter Koch sind, muss ich Ihnen unbedingt von meinem Schnellkochtopf auf Mikrochip-Basis erzählen!
?
Ach?
Sag mal, Spirou, was glaubst du, wann ER kommt?
Keine Ahnung, Majestät. Sie wissen ja, ER ist ein wenig zerstreut.
Hier wird es allmählich zu warm... Ich geh mal für ein Momentchen an die frische Luft.
FOURNIER 70

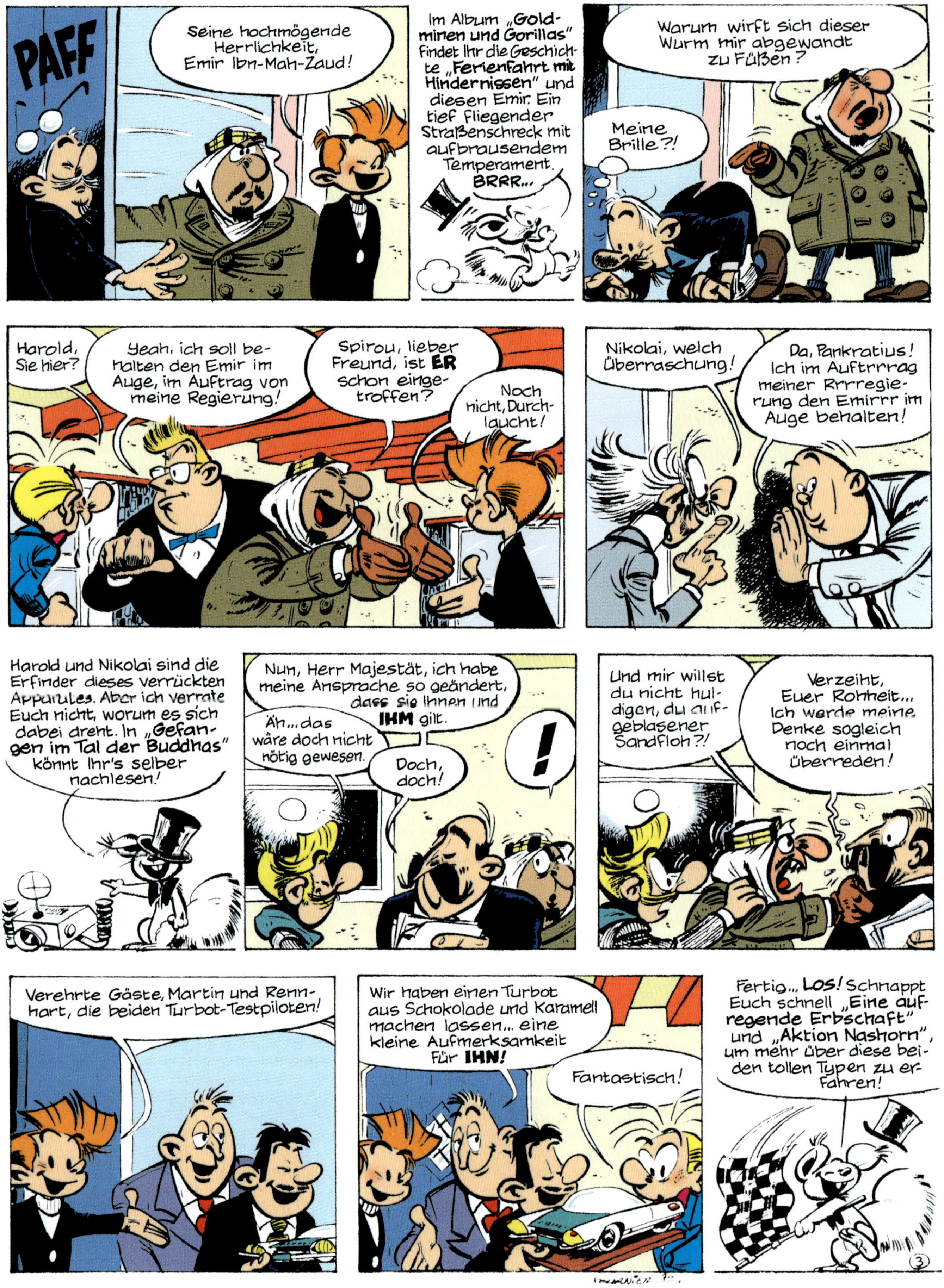
PAFF
Seine hochmögende Herrlichkeit, Emir Ibn-Mah-Zaud!
Im Album „Goldminen und Gorillas" findet Ihr die Geschichte „Ferienfahrt mit Hindernissen" und diesen Emir. Ein tief fliegender Straßenschreck mit aufbrausendem Temperament.
BRRR...
Warum wirft sich dieser Wurm mir abgewandt zu Füßen?
Meine Brille?!
Harold, Sie hier?
Yeah, ich soll behalten den Emir im Auge, im Auftrag von meine Regierung!
Spirou, lieber Freund, ist ER schon eingetroffen?
Noch nicht, Durchlaucht!
Nikolai, welch Überraschung!
Da, Pankratius! Ich im Auftrrrag meiner Rrrregierung den Emirrr im Auge behalten!
Harold und Nikolai sind die Erfinder dieses verrückten Apparates. Aber ich verrate Euch nicht, worum es sich dabei dreht. In „Gefangen im Tal der Buddhas" könnt Ihr's selber nachlesen!
Nun, Herr Majestät, ich habe meine Ansprache so geändert, dass sie Ihnen und IHM gilt.
Äh... das wäre doch nicht nötig gewesen.
Doch, doch!
!
Und mir willst du nicht huldigen, du aufgeblasener Sandfloh?!
Verzeiht, Euer Rohheit... Ich werde meine Denke sogleich noch einmal überreden!
Verehrte Gäste, Martin und Rennhart, die beiden Turbot-Testpiloten!
Wir haben einen Turbot aus Schokolade und Karamell machen lassen... eine kleine Aufmerksamkeit für IHN!
Fantastisch!
Fertig... LOS! Schnappt Euch schnell „Eine aufregende Erbschaft" und „Aktion Nashorn", um mehr über diese beiden tollen Typen zu erfahren!
3

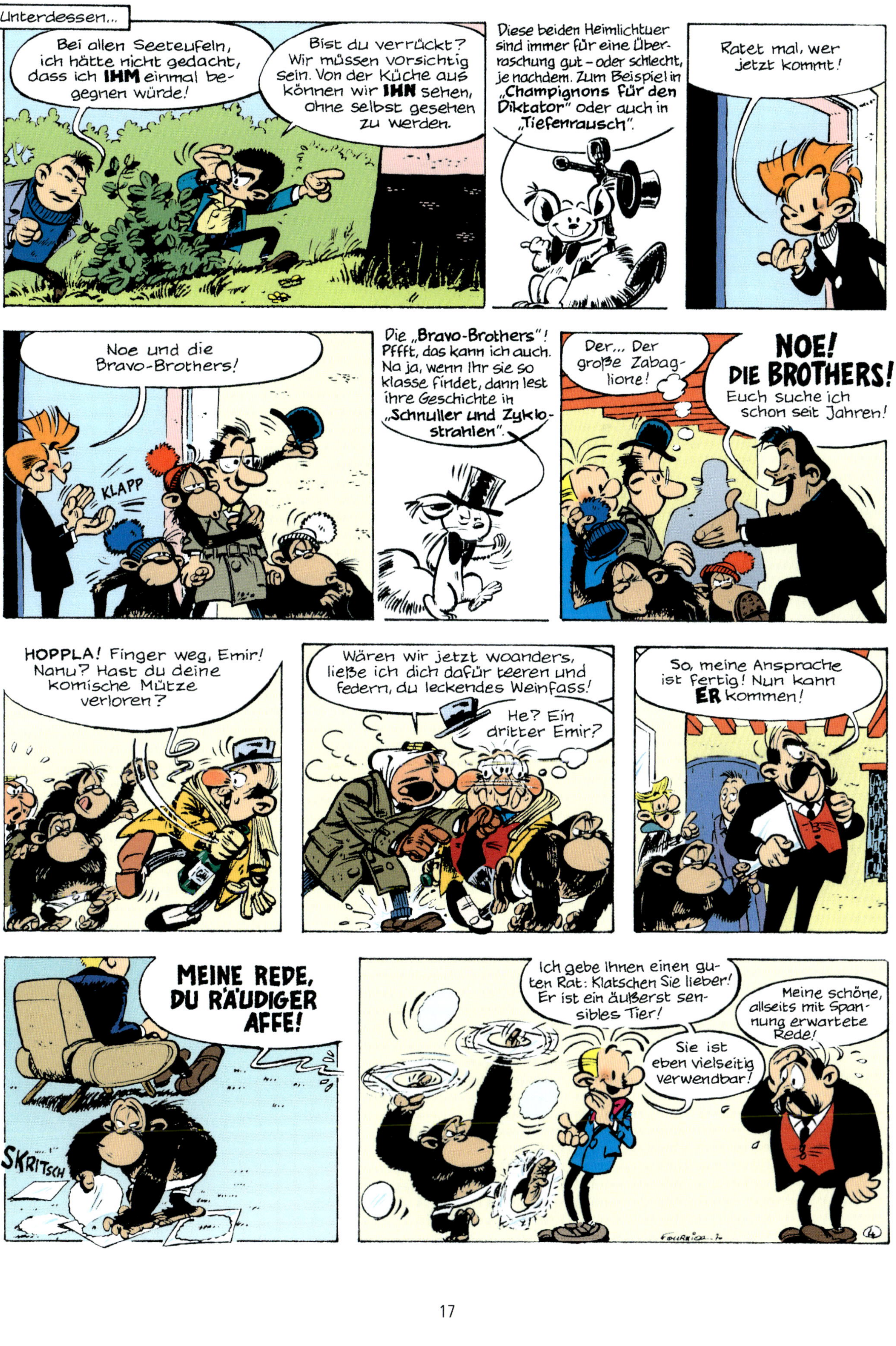
Unterdessen...
Bei allen Seeteufeln, ich hätte nicht gedacht, dass ich IHM einmal begegnen würde!
Bist du verrückt? Wir müssen vorsichtig sein. Von der Küche aus können wir IHN sehen, ohne selbst gesehen zu werden.
Diese beiden Heimlichtuer sind immer für eine Überraschung gut – oder schlecht, je nachdem. Zum Beispiel in „Champignons für den Diktator" oder auch in „Tiefenrausch".
Ratet mal, wer jetzt kommt!
Noe und die Bravo-Brothers!
KLAPP
Die „Bravo-Brothers"! Pfffft, das kann ich auch. Na ja, wenn Ihr sie so klasse findet, dann lest ihre Geschichte in „Schnuller und Zyklostrahlen".
Der... Der große Zabaglione!
NOE! DIE BROTHERS! Euch suche ich schon seit Jahren!
HOPPLA! Finger weg, Emir! Nanu? Hast du deine komische Mütze verloren?
Wären wir jetzt woanders, ließe ich dich dafür teeren und federn, du leckendes Weinfass!
He? Ein dritter Emir?
So, meine Ansprache ist fertig! Nun kann ER kommen!
MEINE REDE, DU RÄUDIGER AFFE!
SKRITSCH
Ich gebe Ihnen einen guten Rat: Klatschen Sie lieber! Er ist ein äußerst sensibles Tier!
Meine schöne, allseits mit Spannung erwartete Rede!
Sie ist eben vielseitig verwendbar!

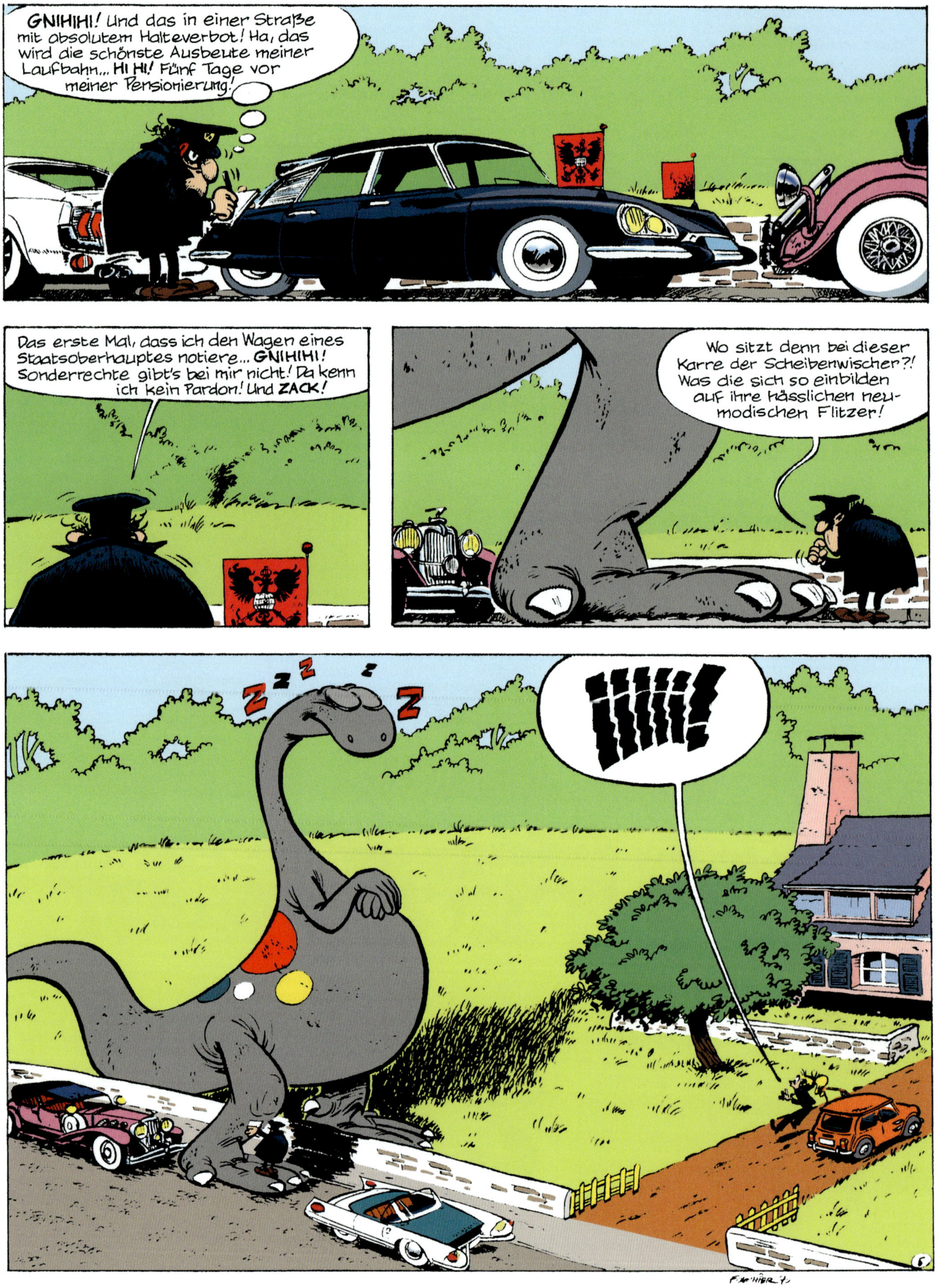
GNIHIHI! Und das in einer Straße mit absolutem Halteverbot! Ha, das wird die schönste Ausbeute meiner Laufbahn... HI HI! Fünf Tage vor meiner Pensionierung!
Das erste Mal, dass ich den Wagen eines Staatsoberhauptes notiere... GNIHIHI! Sonderrechte gibt's bei mir nicht! Da kenn ich kein Pardon! Und ZACK!
Wo sitzt denn bei dieser Karre der Scheibenwischer?! Was die sich so einbilden auf ihre hässlichen neumodischen Flitzer!

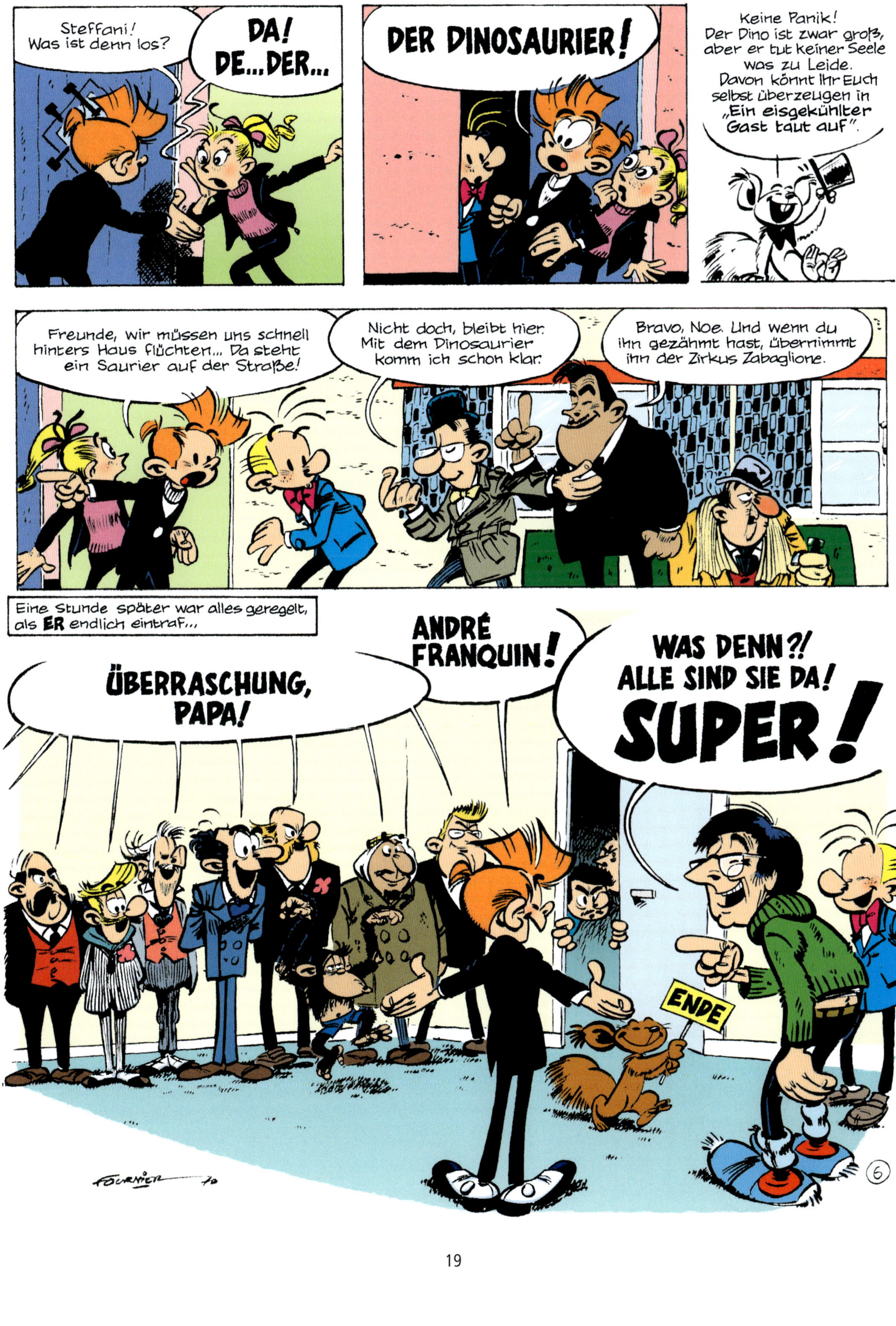
Steffani! Was ist denn los?
DA! DE...DER...
DER DINOSAURIER!
Keine Panik! Der Dino ist zwar groß, aber er tut keiner Seele was zu Leide. Davon könnt Ihr Euch selbst überzeugen in „Ein eisgekühlter Gast taut auf".
Freunde, wir müssen uns schnell hinters Haus flüchten... Da steht ein Saurier auf der Straße!
Nicht doch, bleibt hier. Mit dem Dinosaurier komm ich schon klar.
Bravo, Noe. Und wenn du ihn gezähmt hast, übernimmt ihn der Zirkus Zabaglione.
Eine Stunde später war alles geregelt, als ER endlich eintraf...
ÜBERRASCHUNG, PAPA!
ANDRÉ FRANQUIN!
WAS DENN?! ALLE SIND SIE DA! SUPER!
ENDE
6

Die Zeichner von SPIROU+FANTASIO

DRAHTZIEHER DES ABENTEUERS

Drehbuch&Regie...

Hinter Spirou und Fantasio steht eine ganze Reihe von Zeichnern und Autoren, die den beiden nicht nur ihre Abenteuer auf den Leib geschrieben haben, sondern ihnen im Laufe der Jahrzehnte immer wieder auch Frischzellenkuren verabreichten. Verstaubte Helden? Nein, danke!

DAS »SPIROU«-MAGAZIN

Nicht dass man es Spirou anmerken würde, aber er hat schon etliche Jahre auf dem Buckel. Seine Geburtsstunde fällt auf den 21. April 1938, den Tag, an dem der belgische Verleger Jean Dupuis die erste von bis heute mehr als 3700 Ausgaben des »Spirou«-Magazins veröffentlichte. Auf der Titelseite inszenierte der französische Zeichner Rob-Vel den ersten Auftritt des Hotelpagen, der fortan von einem aufregenden Abenteuer ins nächste stürzen sollte.

Unter der Führung des Zeichners Jijé entwickelte sich »Spirou« in den Vierziger- und Fünfzigerjahren zum wichtigsten Jugendmagazin Europas. Mit Mitarbeitern wie Morris (»Lucky Luke«), Peyo (»Die Schlümpfe«) und André Franquin, der bald die Titelserie übernahm, sollte die nach dem damaligen Dupuis-Verlagssitz benannte »Marcinelle-Schule« neben der »Ligne Claire«, der »Klaren Linie« des »Tim-und- Struppi«-Zeichners Hergé, zur einflussreichsten Stilrichtung des europäischen Comics werden.

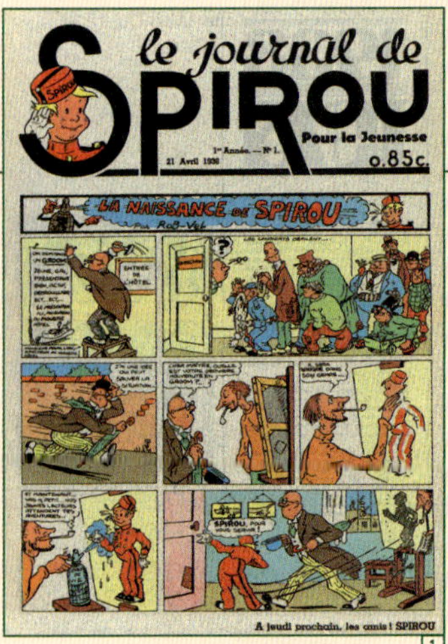

1

Die erste »Spirou«-Episode zeigt, wie sich der Besitzer des Hotels »Moustic« an den Künstler Rob-Vel wendet, der aus einer Zeichnung und einem Spritzer »Lebenselixier« (»Eau de Vie«, im Französischen die Bezeichnung für Schnaps!) den gewünschten Pagen zaubert.

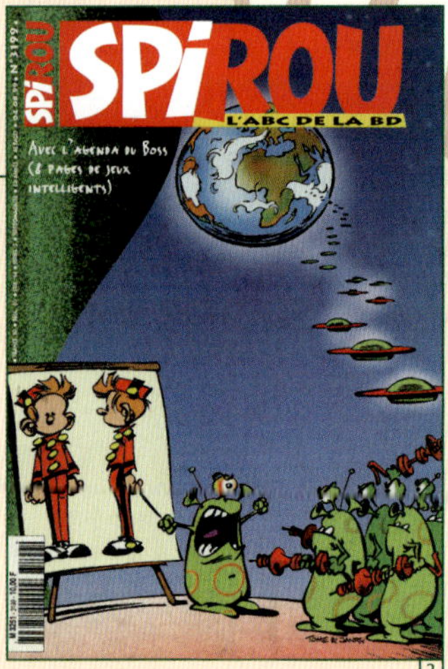

2

Nicht nur auf der Erde kennt man Spirou: Cover der Ausgabe 3199 des »Spirou«-Magazins.

ROB-VEL

Der französische Zeichner Rob-Vel (Robert Velter) ist der Erfinder von Spirou. Er verpasste dem Hotelpagen 1938 sein Aussehen und machte nach und nach einen echten Abenteurer aus ihm. Auch das 1939 eingeführte Eichhörnchen Pips geht auf seine Kappe. Der Zweite Weltkrieg hinderte Rob-Vel daran, die Serie fortzusetzen: Kriegsdienst ging leider vor Spirou.

JIJÉ

Rob-Vels Nachfolge trat der Belgier Jijé (Joseph Gillain) an. Zwischen 1940 und 1947 führte er Spirous Abenteuer zu neuen Höhen, wobei er ihm 1943 seinen besten Freund, den anfangs noch sehr tollpatschigen Fantasio, zur Seite stellte. Durch seine Kontakte zu anderen Zeichnern, die er in die »Spirou«-Redaktion holte, sollte Jijé prägend für den Stil der gesamten Zeitschrift werden.

Jijé

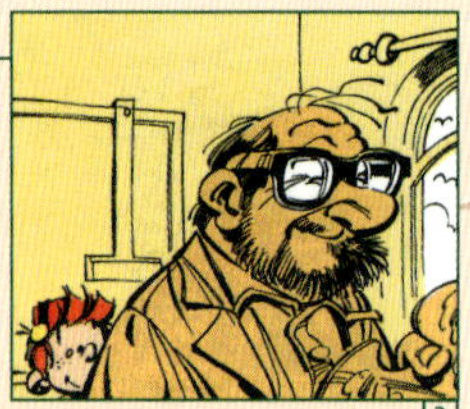

3

ANDRÉ FRANQUIN

Zu Jijés Entdeckungen gehörte auch André Franquin, der 1946 mit der Story »Der Panzer« sein Debüt als Zeichner von Spirou und Fantasio gab. Spätestens seit der 1950 entstandenen Geschichte »Der Zauberer von Rummelsdorf« gilt Franquin als der Spirou-Zeichner schlechthin, erfand er doch einen Großteil des Spirou-Universums im Alleingang: vom Städtchen Rummelsdorf über den größenwahnsinnigen Zyklotrop bis hin zum palumbianischen Wundertier Marsupilami. 1957 zeichnete Franquin die ersten Gags um den chaotischen Redaktionsboten Gaston, der auch in einigen Spirou-Geschichten ein Gastspiel gab. Elf Jahre später beschloss Franquin, sich ausschließlich Gaston zu widmen, und quittierte den Dienst als Spirou-Zeichner. Das Marsupilami nahm er mit, um künftig eigene Abenteuer mit dem Wundertier zeichnen zu können.

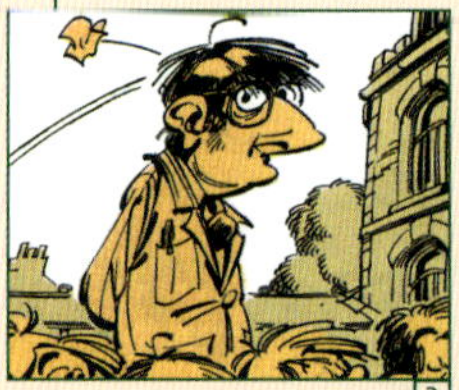

3

Franquin

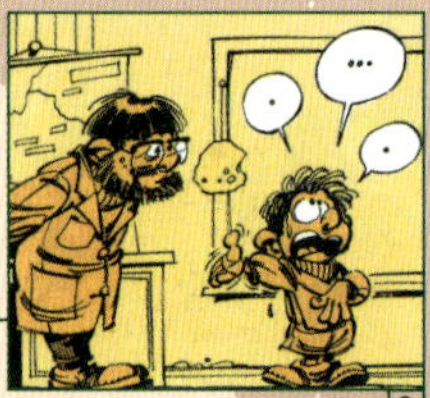

3

Fournier

JEAN-CLAUDE FOURNIER

Ein letztes Mal begleitete das Marsupilami seine Freunde 1968 in Jean-Claude Fourniers erstem Spirou-Abenteuer »Die Goldmacher«. Franquin fügte das Wundertier in die Zeichnungen seines Nachfolgers ein, um diesem den Start zu erleichtern. Spirou, Fantasio und Pips mussten von nun an ohne die witzigen und oftmals hilfreichen Eskapaden ihres palumbianischen Freundes auskommen. Mit Fournier hielten dafür poetischer Charme und klare Stellungnahmen zu aktuellen Themen wie dem Missbrauch der Kernenergie oder Drogenhandel Einzug in die Serie.

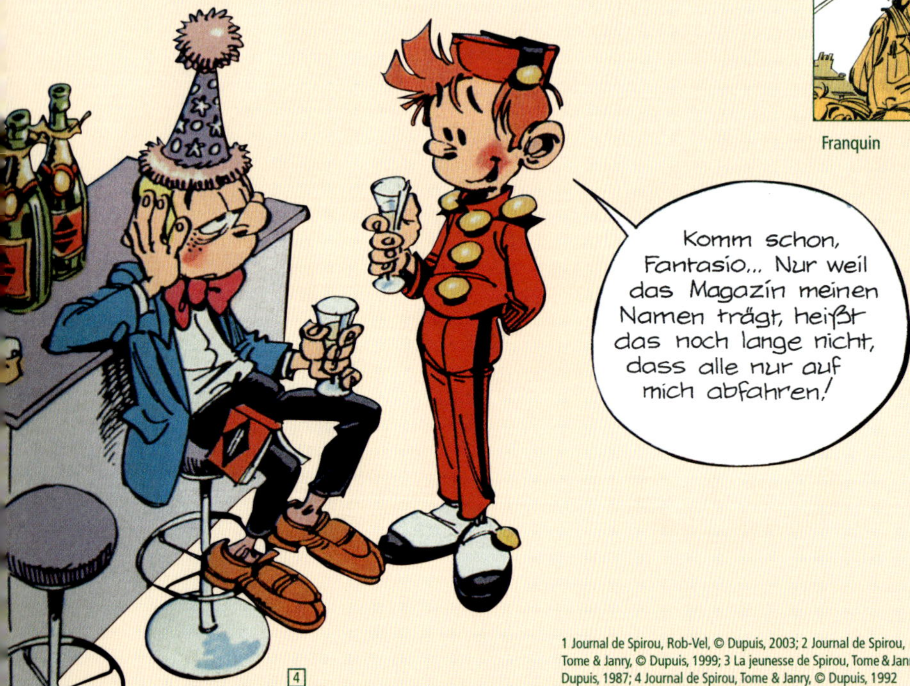

4

YVES CHALAND, RAOUL CAUVIN & NIC BROCA

Anfang der Achtzigerjahre schickte das Magazin auf der Suche nach einem neuen, zeitgemäßeren Image für seine Helden gleich drei Teams ins Rennen. Während die Geschichte von Yves Chaland zu nostalgisch geriet, lieferte der routinierte Schreiber Raoul Cauvin mit dem Trickfilmzeichner Nic Broca drei Episoden ab, die eher durchschnittlich ausfielen, so dass schließlich das dritte Team das Rennen machte.

TOME & JANRY

Mit der in diesem Band präsentierten Kurzgeschichte »Eine Stimme versagt den Dienst« legte das Gespann Tome (Philippe Vandevelde) und Janry (Jean-Richard Geurts) seine erste Spirou-Episode vor. Spätestens nach ihrem ersten langen Abenteuer, »Das geheimnisvolle Virus« von 1982, stand fest, dass sie die Richtigen waren, das traditionsreiche Duo fit fürs nächste Jahrtausend zu machen. Munter kratzen Tome und Janry dafür am Image des makellosen Helden: Spirou darf sich plötzlich auch mal volllaufen lassen oder in Depressionen versinken. Und dann passiert's: Zum ersten Mal in seinem langen Leben verliebt er sich! 1987 entfachten Tome und Janry zudem mit »Der kleine Spirou« ein wahres Gag-Feuerwerk um die Kindheitserlebnisse des Helden. Schnell eroberte sich der schlitzohrige Rotzlöffel Spirou einen Stammplatz im Magazin und kann heute auf mehr als ein Dutzend eigene Alben zurückblicken.

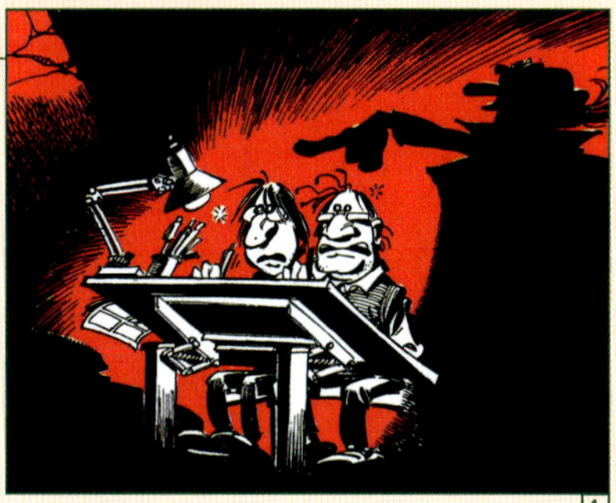

1

Tome&Janry

JEAN DAVID MORVAN & JOSÉ-LUIS MUNUERA

Nachdem Tomes & Janrys Versuch, Spirou und Fantasio im Band »Jagd auf Spirou« radikal zu modernisieren, von der Leserschaft verhalten aufgenommen wurde, nahmen sie erst einmal Urlaub von der Serie. Als der Titelheld sich 2004 endlich wieder die Ehre in seinem Magazin gab, waren es denn auch der Autor Jean David Morvan und der Zeichner José-Luis Munuera, die nunmehr die Zügel in Händen hielten. Ihre dynamischen Abenteuer, die mit Zeitbezügen gespickt sind und den Spagat zwischen der klassischen »Marcinelle-Schule« und dem Blick über den frankobelgischen Comic-Tellerrand hinaus wagen, vermochten die Herzen der Fans allerdings nicht zu erobern: Nach vier Alben mussten die beiden 2008 ihren Hut nehmen.

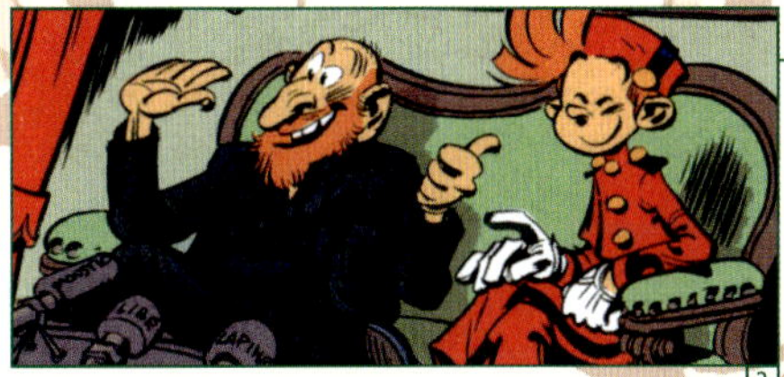

2

Yoann und sein Spirou

FABIEN VEHLMANN & YOANN

2010 gaben Fabien Vehlmann und Yoann mit »Angriff der Zyklozonks« ihren vielversprechenden Einstand als Autor beziehungsweise Zeichner der regulären »Spirou und Fantasio«-Abenteuer. Das Duo hatte sich bereits 2006 mit dem schrägen »Spirou«-Sonderband »Die steinernen Riesen« warm gemacht und seinen Stil wenig später mit der in diesem Band enthaltenen Shortstory »Die Geheimnisse der Tiefe« dem traditionellen Erscheinungsbild der Serie weiter angenähert.

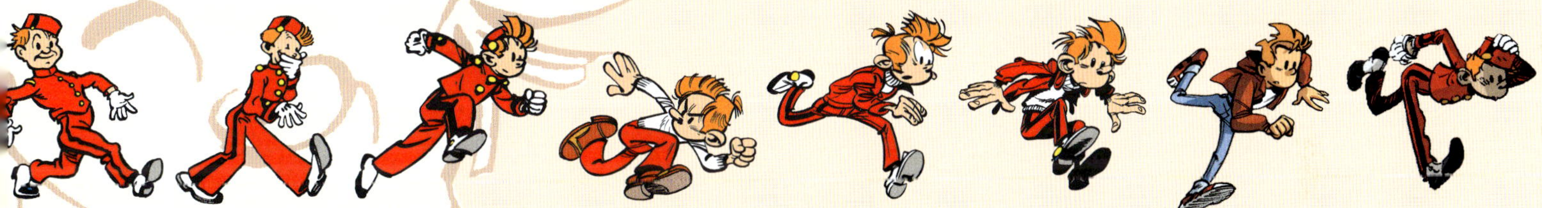

Rob-Vel | Jijé | Franquin | Fournier | Nic&Broca | Tome&Janry | Morvan & Munuera | Vehlmann & Yoann

3

Der Beginn einer wunderbaren Freundschaft. Aus »Porträt eines Helden als junger Tor«.

4

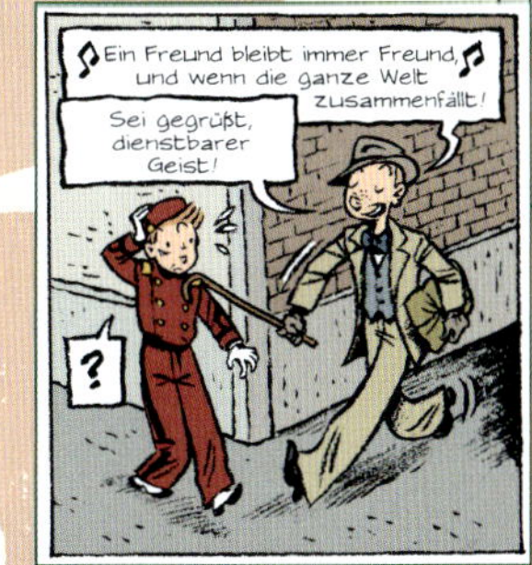

Let the good times roll.
Aus »Die Gruft derer von Rummelsdorf«.

5

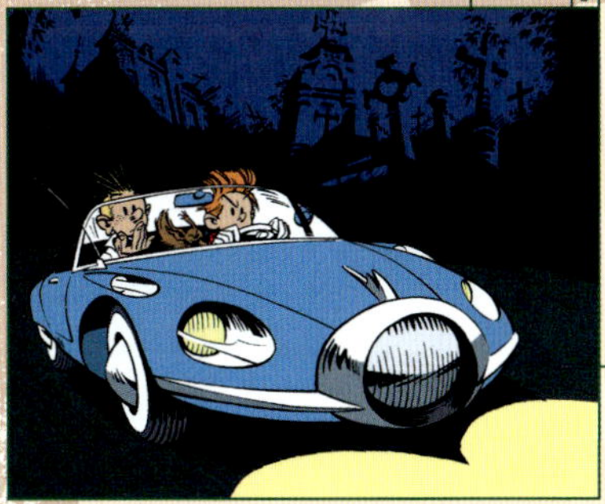

»SPIROU+FANTASIO«-SPEZIAL

Seit 2006 können sich die Leser über noch mehr Abenteuer freuen: Parallel zur regulären Serie sind wechselnde Autoren und Zeichner eingeladen, das »Spirou«-Universum in Form abgeschlossener Einzelepisoden zu bereichern.

Diesen persönlichen Neu-Interpretationen sind keine Grenzen gesetzt – so frönen Fabien Vehlmann und Yoann in ihrem Band »Die steinernen Riesen« schnörkelloser Action à la James Bond und Indiana Jones. Frank le Gall schickt die Helden in »Die Sümpfe der Zeit« auf Zeitreise, während Fabrice Tarrin und Yann mit »Die Gruft derer von Rummelsdorf« eine Hommage an das goldene »Spirou«-Zeitalter unter André Franquin vorgelegt haben, eine Ära, die auch Lewis Trondheim und Fabrice Parme in »Panik im Atlantik« wiederaufleben lassen. Émile Bravo sowie Yann und Olivier Schwartz schließlich widmen sich mit ihren Geschichten »Porträt eines Helden als junger Tor« und »Operation Fledermaus« Spirous Jugend im Brüssel der 1930er- und 40er-Jahre. Fortsetzung folgt…

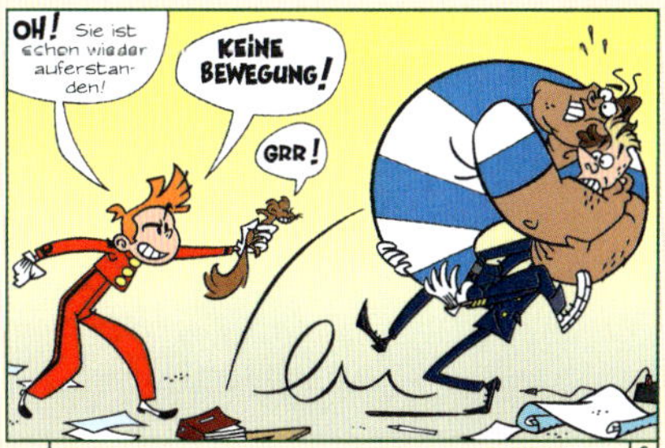

6

Page zur See. Aus »Panik im Atlantik«.

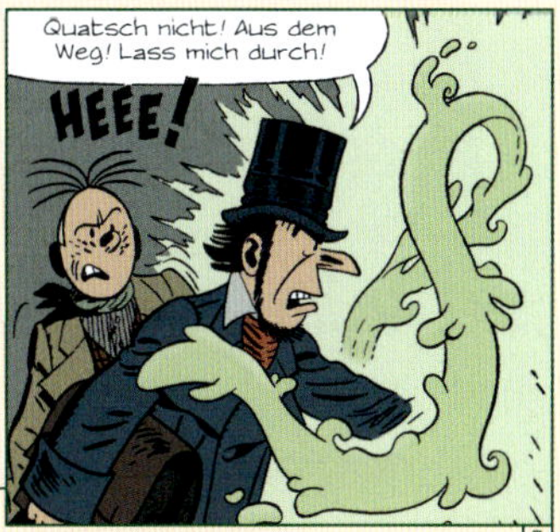

7

Zurück in die Zukunft.
Aus »Die Sümpfe der Zeit«.

DIE GEHEIMNISSE DER TIEFE

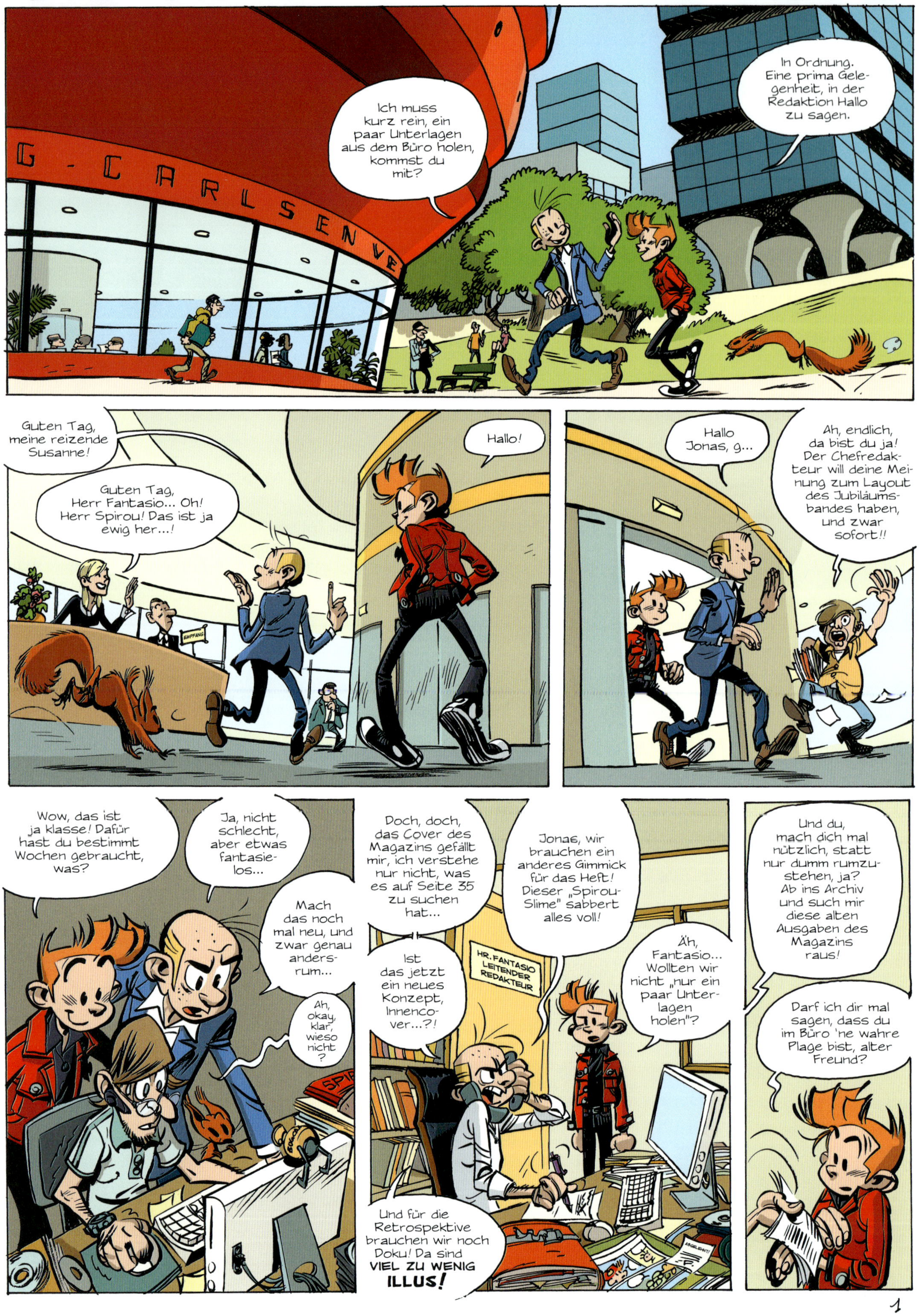

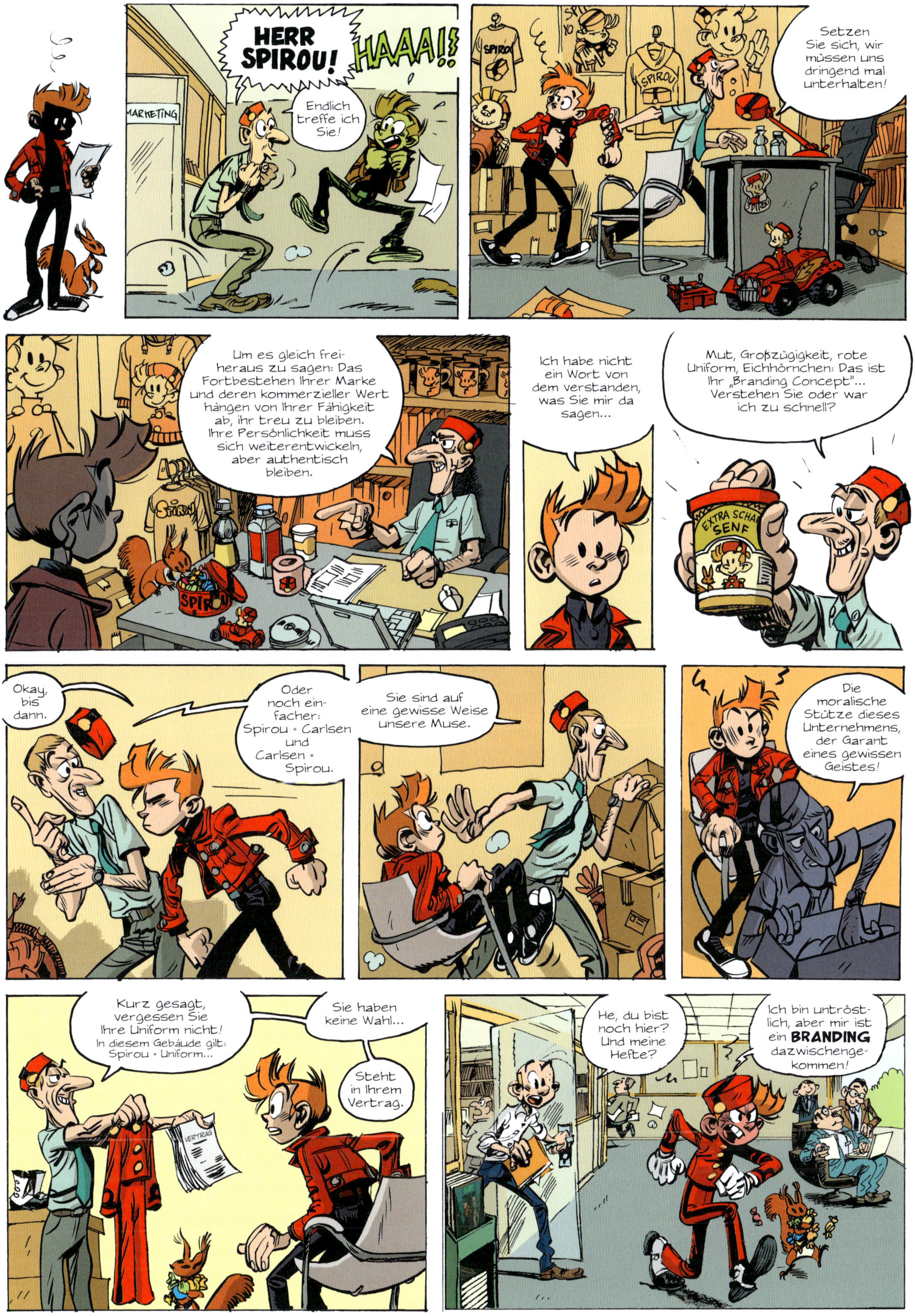
HERR SPIROU!
HAAA!!
Endlich treffe ich Sie!
MARKETING
Setzen Sie sich, wir müssen uns dringend mal unterhalten!
Um es gleich freiheraus zu sagen: Das Fortbestehen Ihrer Marke und deren kommerzieller Wert hängen von Ihrer Fähigkeit ab, ihr treu zu bleiben. Ihre Persönlichkeit muss sich weiterentwickeln, aber authentisch bleiben.
Ich habe nicht ein Wort von dem verstanden, was Sie mir da sagen...
Mut, Großzügigkeit, rote Uniform, Eichhörnchen: Das ist Ihr „Branding Concept"... Verstehen Sie oder war ich zu schnell?
SENF
Okay, bis dann.
Oder noch einfacher: Spirou = Carlsen und Carlsen = Spirou.
Sie sind auf eine gewisse Weise unsere Muse.
Die moralische Stütze dieses Unternehmens, der Garant eines gewissen Geistes!
Kurz gesagt, vergessen Sie Ihre Uniform nicht! In diesem Gebäude gilt: Spirou = Uniform...
Sie haben keine Wahl...
Steht in Ihrem Vertrag.
VERTRAG
He, du bist noch hier? Und meine Hefte?
Ich bin untröstlich, aber mir ist ein **BRANDING** dazwischengekommen!

2

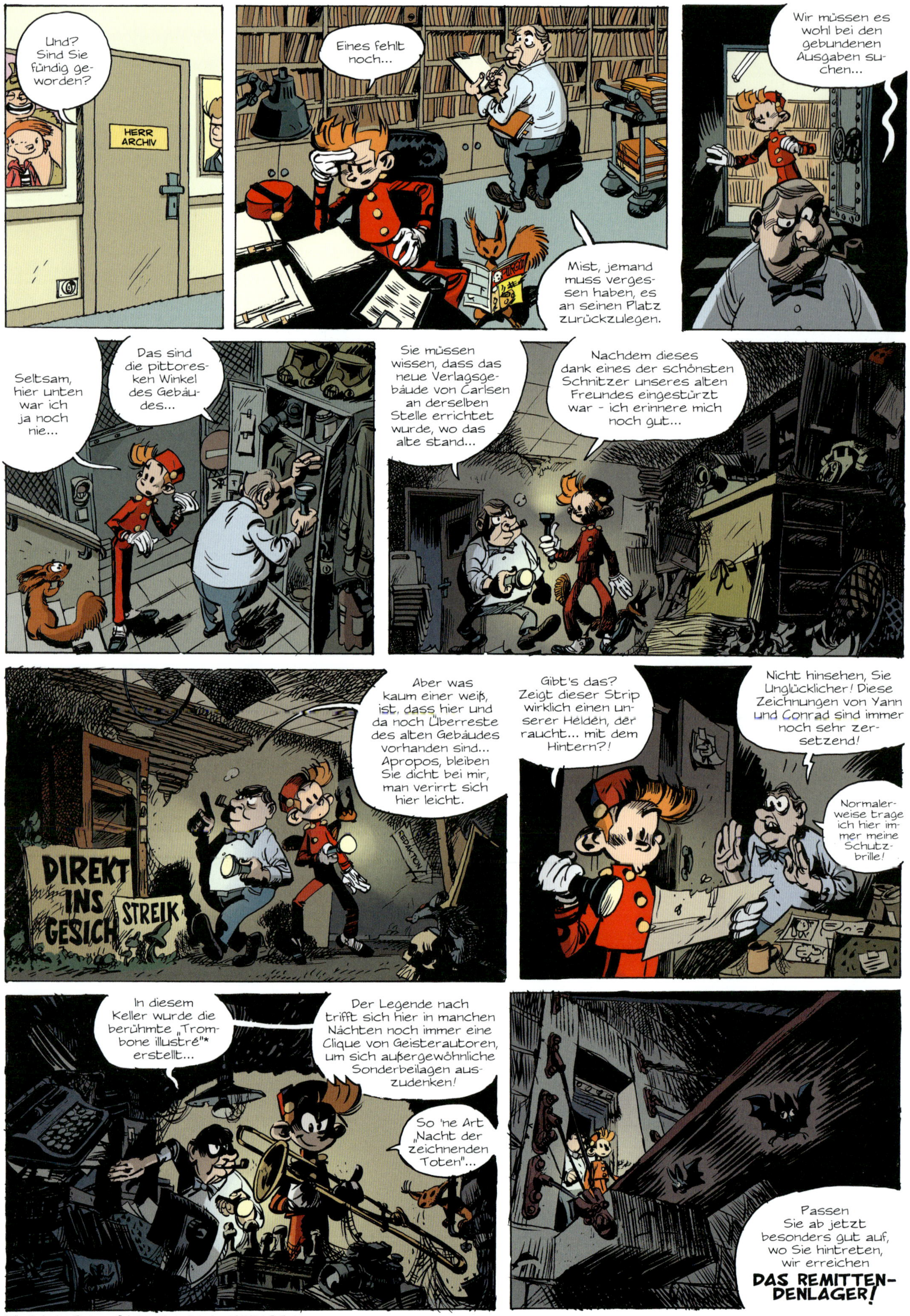

*„Illustrierte Posaune": legendäre, aber kurzlebige Beilage des „Spirou"-Magazins im Jahre 1977

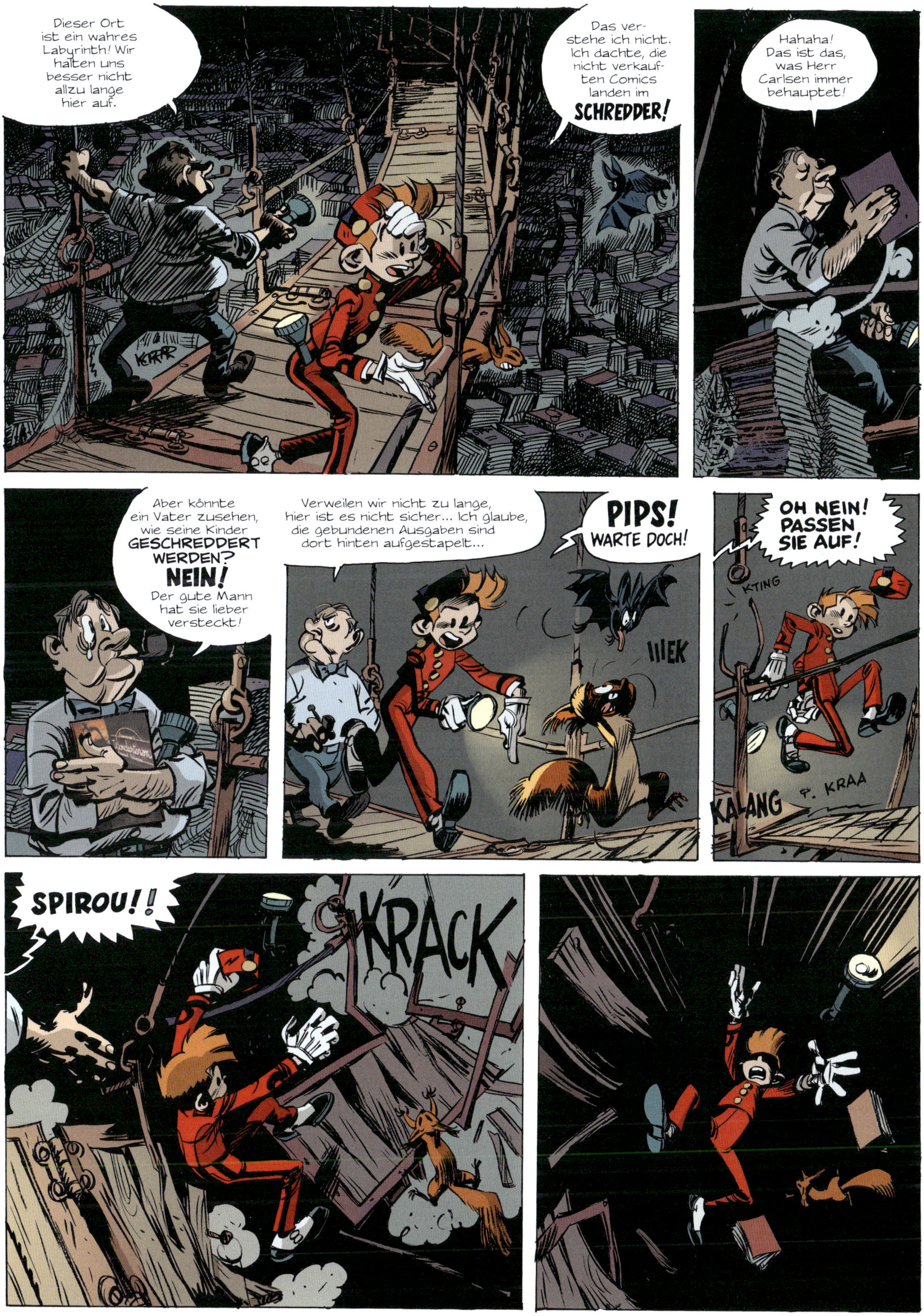

Dieser Ort ist ein wahres Labyrinth! Wir halten uns besser nicht allzu lange hier auf.
KRRR
Das verstehe ich nicht. Ich dachte, die nicht verkauften Comics landen im SCHREDDER!
Hahaha! Das ist das, was Herr Carlsen immer behauptet!
Aber könnte ein Vater zusehen, wie seine Kinder GESCHREDDERT WERDEN? NEIN! Der gute Mann hat sie lieber versteckt!
Verweilen wir nicht zu lange, hier ist es nicht sicher... Ich glaube, die gebundenen Ausgaben sind dort hinten aufgestapelt...
PIPS! WARTE DOCH!
IIIEK
OH NEIN! PASSEN SIE AUF!
KTING
KALANG
KRAA
SPIROU!!
KRACK

4

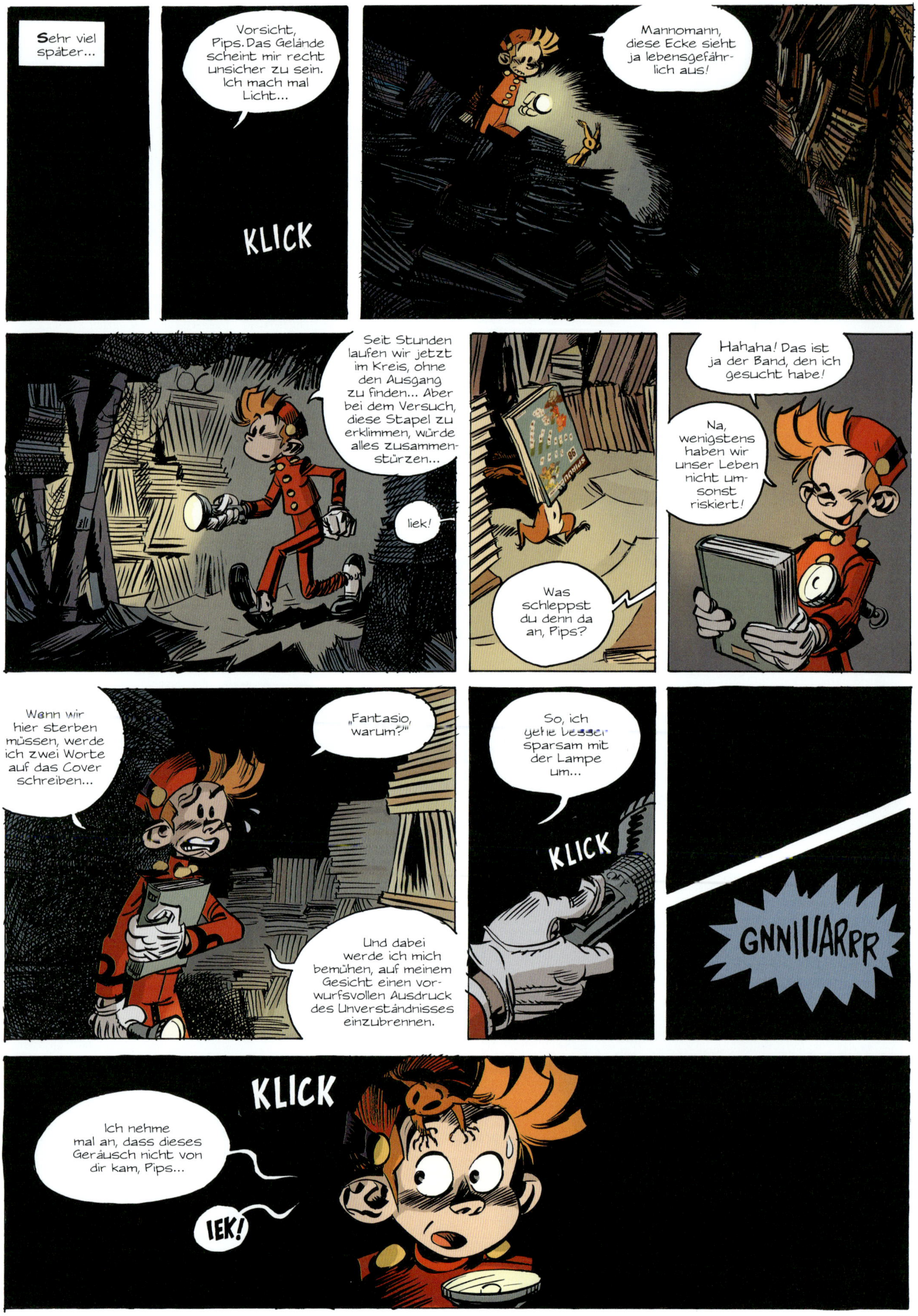

Sehr viel später...
Vorsicht, Pips. Das Gelände scheint mir recht unsicher zu sein. Ich mach mal Licht...
KLICK
Mannomann, diese Ecke sieht ja lebensgefährlich aus!
Seit Stunden laufen wir jetzt im Kreis, ohne den Ausgang zu finden... Aber bei dem Versuch, diese Stapel zu erklimmen, würde alles zusammenstürzen...
Iiek!
Was schleppst du denn da an, Pips?
Hahaha! Das ist ja der Band, den ich gesucht habe!
Na, wenigstens haben wir unser Leben nicht umsonst riskiert!
Wenn wir hier sterben müssen, werde ich zwei Worte auf das Cover schreiben...
„Fantasio, warum?"
Und dabei werde ich mich bemühen, auf meinem Gesicht einen vorwurfsvollen Ausdruck des Unverständnisses einzubrennen.
So, ich gehe besser sparsam mit der Lampe um...
KLICK
GNN///ARRR
KLICK
Ich nehme mal an, dass dieses Geräusch nicht von dir kam, Pips...
IEK!

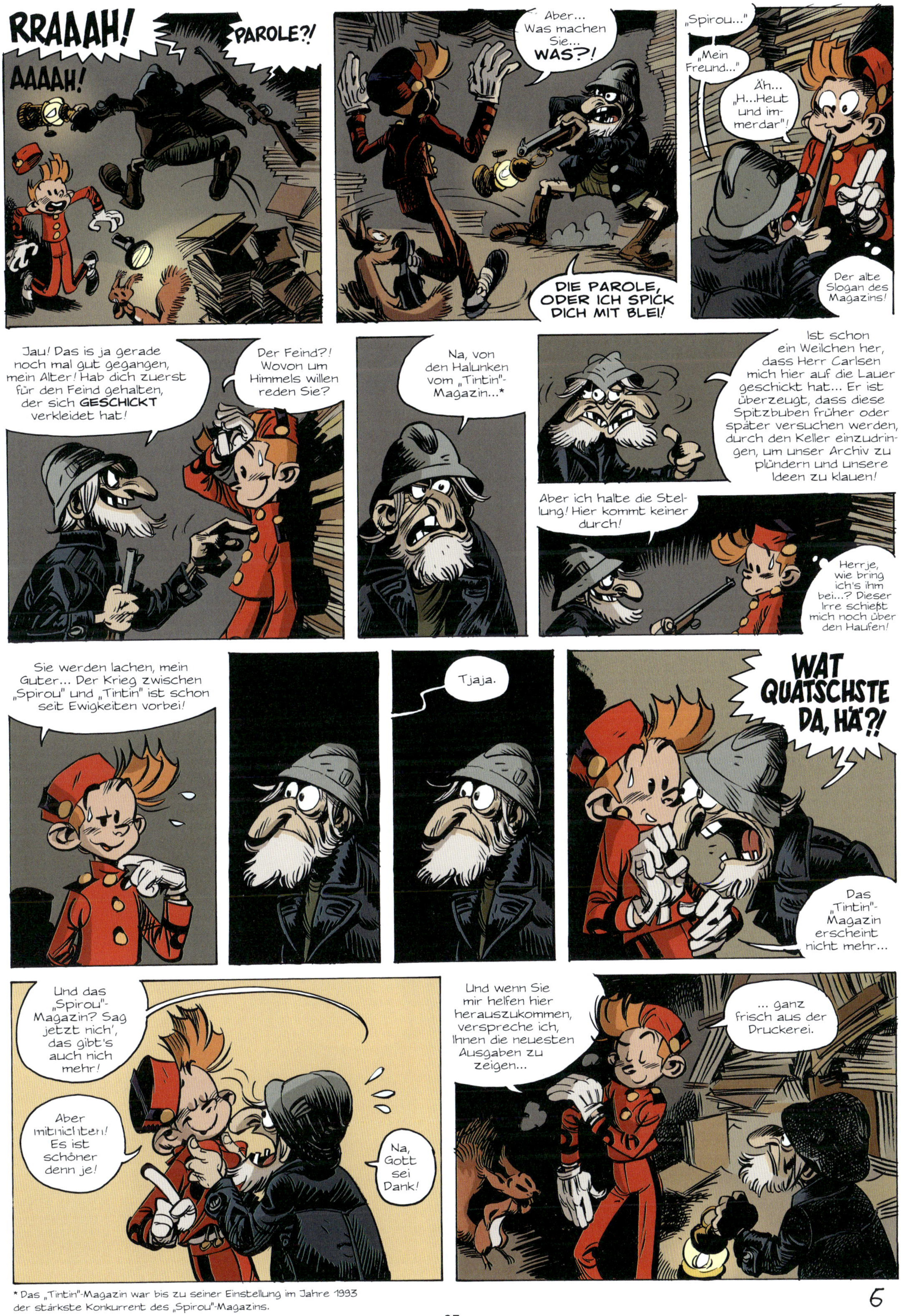

* Das „Tintin"-Magazin war bis zu seiner Einstellung im Jahre 1993 der stärkste Konkurrent des „Spirou"-Magazins.

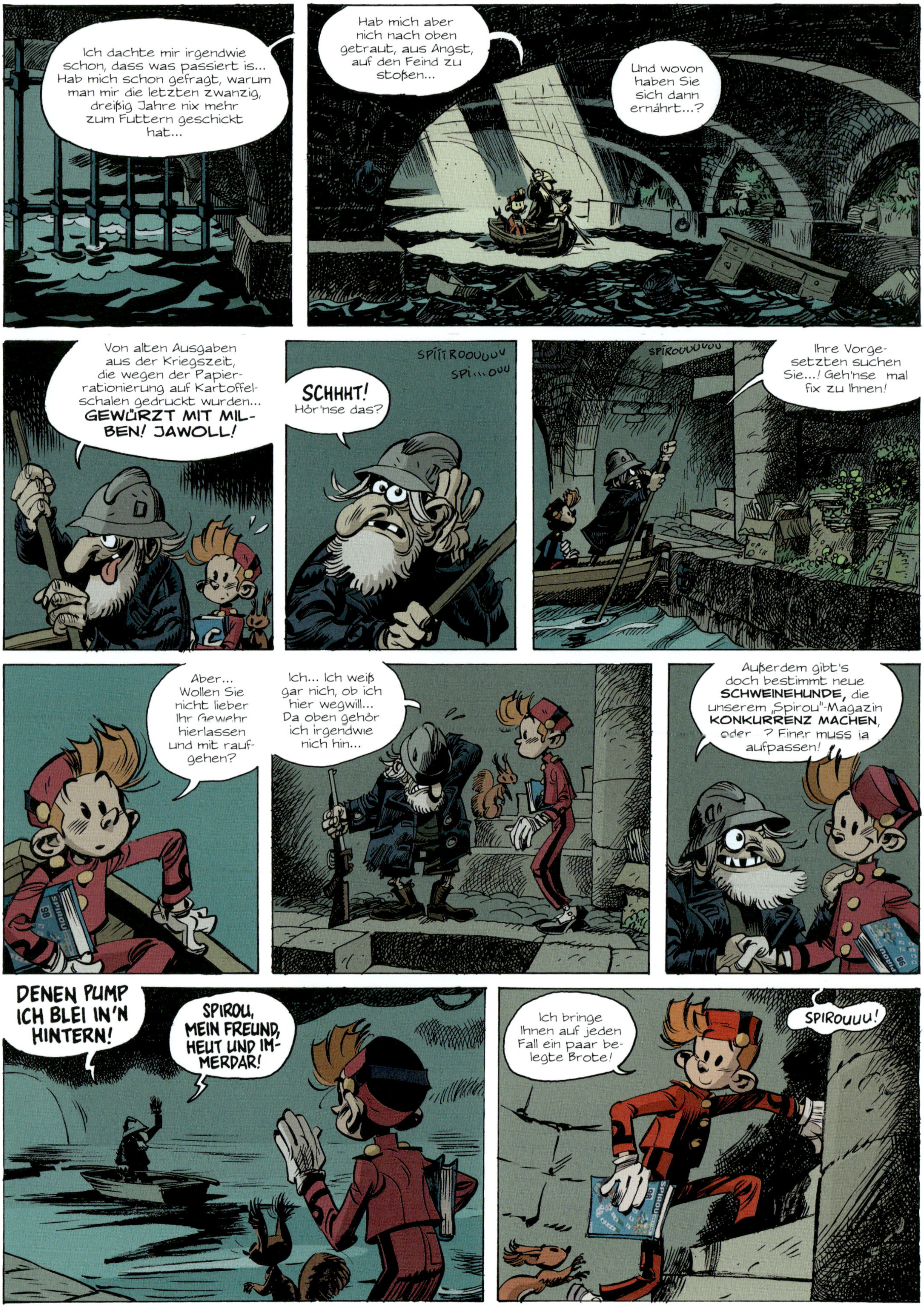
Ich dachte mir irgendwie schon, dass was passiert is... Hab mich schon gefragt, warum man mir die letzten zwanzig, dreißig Jahre nix mehr zum Futtern geschickt hat...
Hab mich aber nich nach oben getraut, aus Angst, auf den Feind zu stoßen...
Und wovon haben Sie sich dann ernährt...?
Von alten Ausgaben aus der Kriegszeit, die wegen der Papierrationierung auf Kartoffelschalen gedruckt wurden... GEWÜRZT MIT MILBEN! JAWOLL!
SPÎÎROOUUUV
SPI...OUU
SCHHHT! Hör'nse das?
SPIROUUUUUU
Ihre Vorgesetzten suchen Sie...! Geh'nse mal fix zu Ihnen!
Aber... Wollen Sie nicht lieber Ihr Gewehr hierlassen und mit raufgehen?
Ich... Ich weiß gar nich, ob ich hier wegwill... Da oben gehör ich irgendwie nich hin...
Außerdem gibt's doch bestimmt neue SCHWEINEHUNDE, die unserem „Spirou“-Magazin KONKURRENZ MACHEN, oder...? Einer muss ja aufpassen!
DENEN PUMP ICH BLEI IN'N HINTERN!
SPIROU, MEIN FREUND, HEUT UND IMMERDAR!
Ich bringe Ihnen auf jeden Fall ein paar belegte Brote!
SPIROUUU!

7

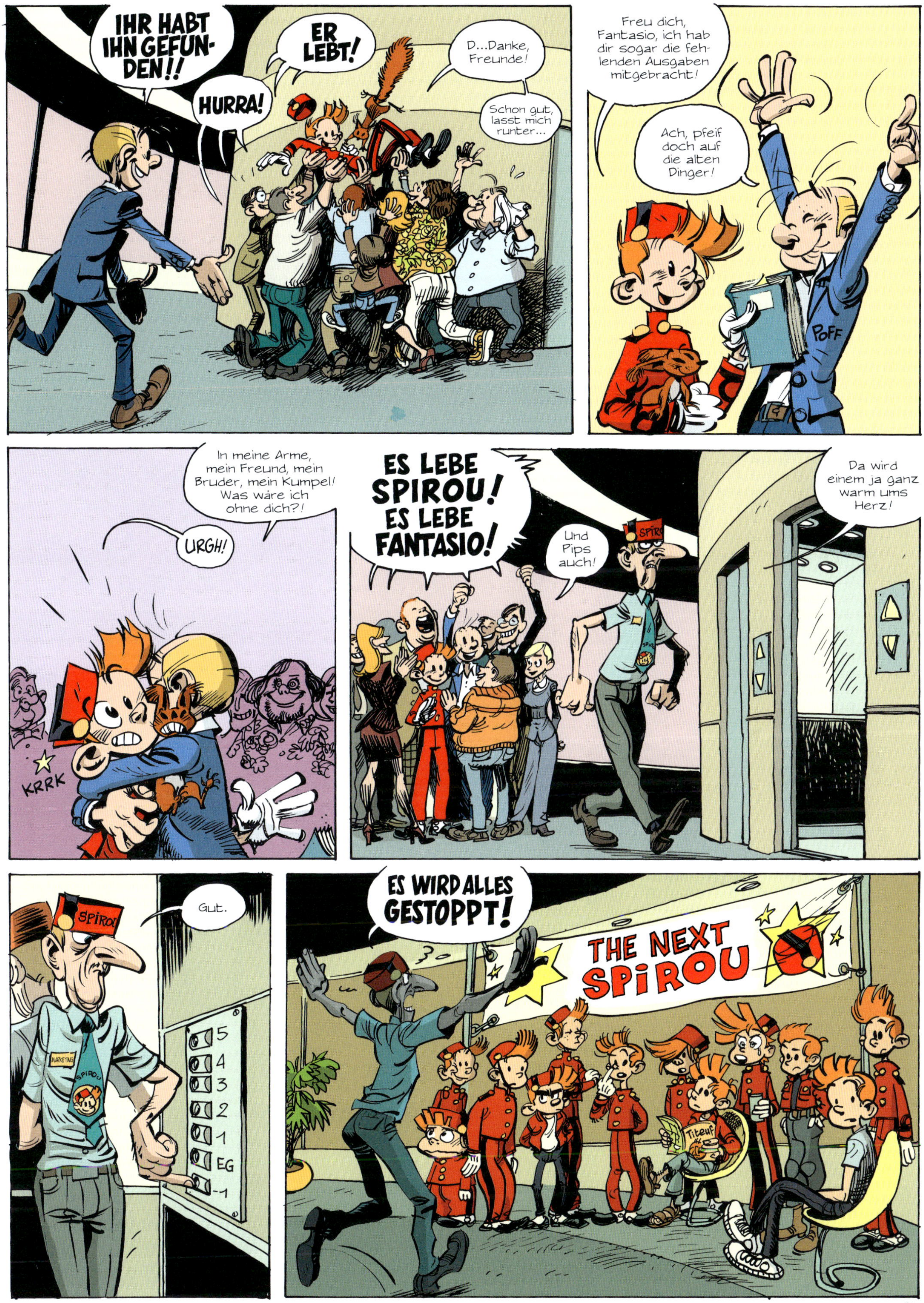

8

Yoann & Vehlmann
Farben: Hubert

Freunde und Gegenspieler

SCHRÄGE TYPEN (2)

Öfter mal was Neues!

Müssten sich Spirou und Fantasio nur mit Zyklotrop und Zantafio herumschlagen, wäre ihr Leben zwar aufregend, aber auf die Dauer doch ein bisschen eintönig. Deshalb haben sie sich ein paar fiese Gegner mehr zugelegt – und skurrile Freunde, die ihnen zur Seite stehen.

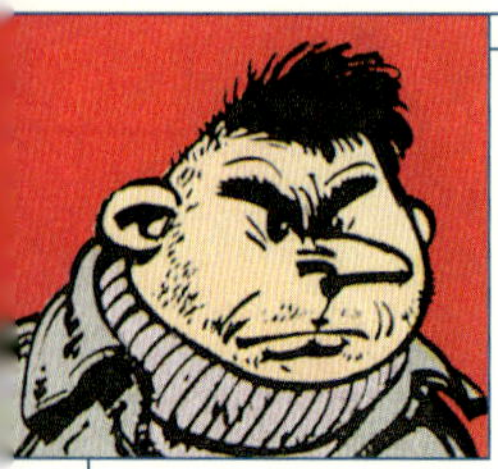

1

Wird auch »Die Muräne« genannt: John Helena.

JOHN HELENA

Im Abenteuer »Das Versteck der Muräne« treffen Spirou und seine Freunde auf den ehemaligen Kapitän des Frachters »Diskret«. Der skrupellose John Helena lässt sich für tot erklären, um sein gesunkenes Schiff für einen groß angelegten Drogenhandel zu nutzen. Mit Hilfe des Marsupilamis und eines vom Grafen erfundenen U-Boots kann ihm zwar das Handwerk gelegt werden, doch nach seiner spektakulären Flucht aus dem Gefängnis bekommen Spirou und Fantasio es erneut mit ihm zu tun. In »Tiefenrausch« liefert er ihnen den entscheidenden Hinweis zur Aufklärung des Geheimnisses um die Unterwasserstadt Korallion.

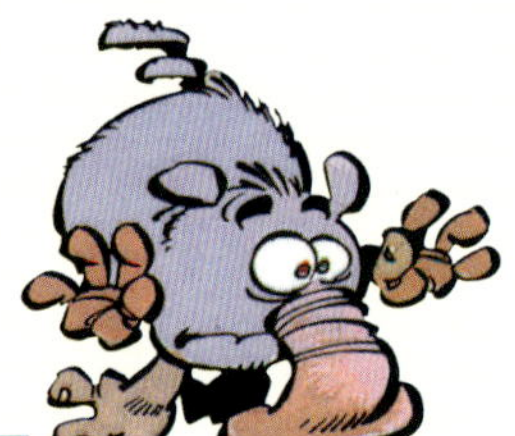

2

TIMOTHEUS, DAS SCHNÜFFELSCHWEIN

In »Die Ruck-Zuck-Zeitmaschine« bringt Aurelius von Rummelsdorf, ein Nachfahre des Grafen, diese Kreuzung aus Kurzhaarterrier und Schwein von einer mysteriösen Zeitreise mit in die Welt von Spirou und Fantasio. Timotheus zeichnet sich durch die merkwürdige Eigenart aus, alles in seine berüsselte Schnauze zu stopfen, was ihm in den Weg kommt. Wenig später tauchen die Gegenstände – eingeschlossen in Luftblasen – aus seinem, na ja, Hintern wieder auf! Einige Male rettet Timotheus die Freunde aus schwierigen Situationen, doch das palumbianische Wundertier kann er nicht ersetzen. Bei seinem Anblick spricht Fantasio dann auch die wahren Worte: »Ein Marsupilami ist es nicht gerade!«

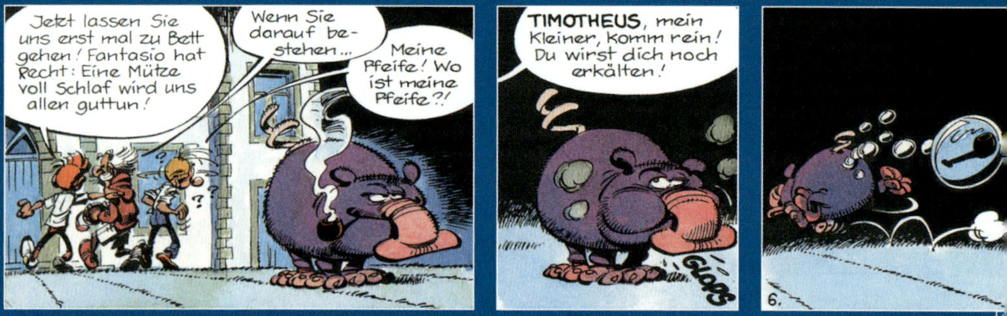

Diesen Trick soll Timotheus erst mal einer nachmachen!

ORUREA

Die polynesische Fotografin Orurea hilft Spirou und Fantasio auf der Insel »Tora Torapa« gegen den skrupellosen Papa Pop (alias Zantafio) und wird so zur guten Freundin der beiden. Auch in den Abenteuern »Fauler Zauber in Afrika« und »Alles wie verhext« spielt die sympathische Weltenbummlerin eine wichtige Rolle im Kampf gegen Zauberdiamanten und Atomschmuggler.

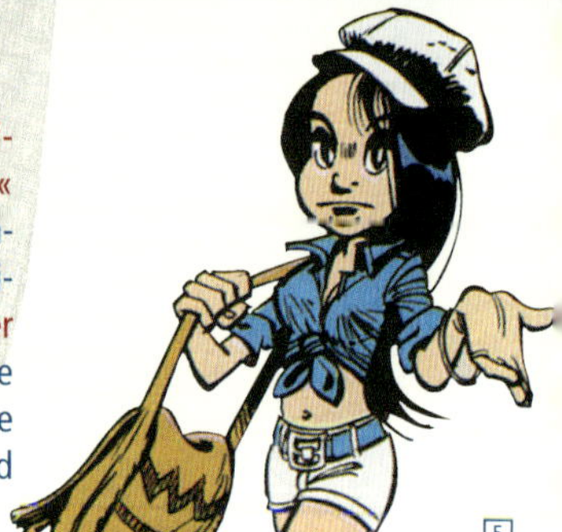

5

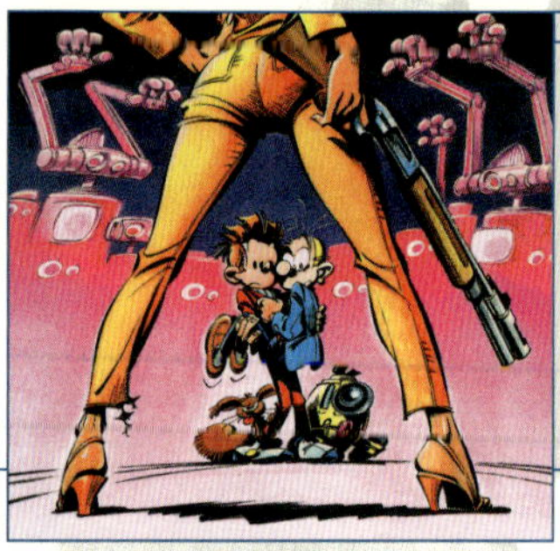

4

Ob mit Robot-Armee oder solo...

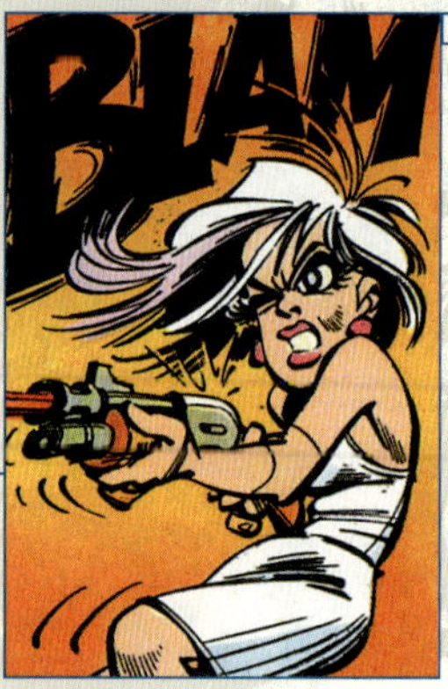

4

... Marilyn lässt's krachen!

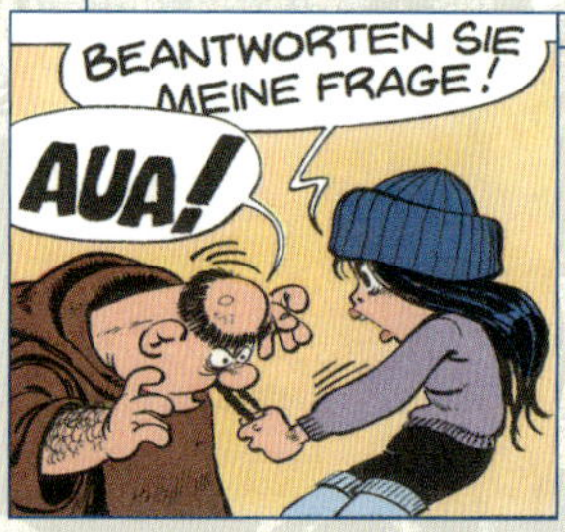

6

»Zimperlich« ist ein Fremdwort für Orurea!

MARILYN

Der Roboter Marilyn aus der Geschichte »Marilyn ist nicht zu stoppen« ist eine tragische Figur. Denn der Bahnhofsvorsteher von Rummelsdorf hatte nur die besten Absichten, als er sich für einsame Momente einen Androiden konstruierte. Marilyn entpuppt sich aber als ausgesprochen hinterlistig, und nur mit viel Anstrengung gelingt es Spirou und Fantasio, die künstliche Lady zur Strecke zu bringen und ihre Pläne von der Weltherrschaft der Maschinen zu vereiteln.

Typisch Vito: Bruchlandung direkt vorm Polizeihauptquartier!

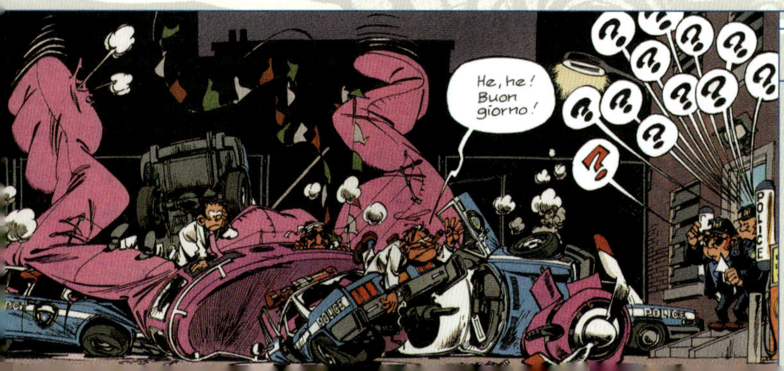

7

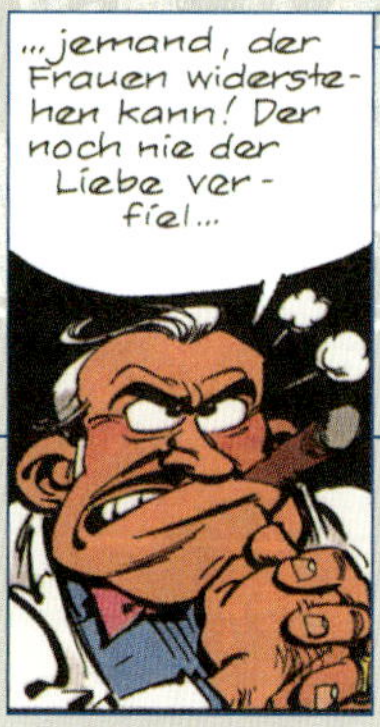

7

Vito schmiedet Pläne.

VITO CORTIZONE

Bereits bei seinem ersten Zusammentreffen mit Spirou und Fantasio in »Abenteuer in New York« beweist Vito Cortizone eindrucksvoll, dass er der geborene Trottel ist. Ziemlich uncool als Pate der New Yorker Mafia! Infolge seines gnadenlosen Pechs erntet er zu seinem Ärger auch in »Mafia, Mädchen und Moneten« weitaus mehr Spott als Respekt. In »Vito der Pechvogel« spielt Vito Cortizone denn auch zunehmend eine tragische Rolle, doch seine unbeirrbare Bösartigkeit setzt ihn immer wieder der Schadenfreude aus.

AM ANDEREN ENDE ANGST

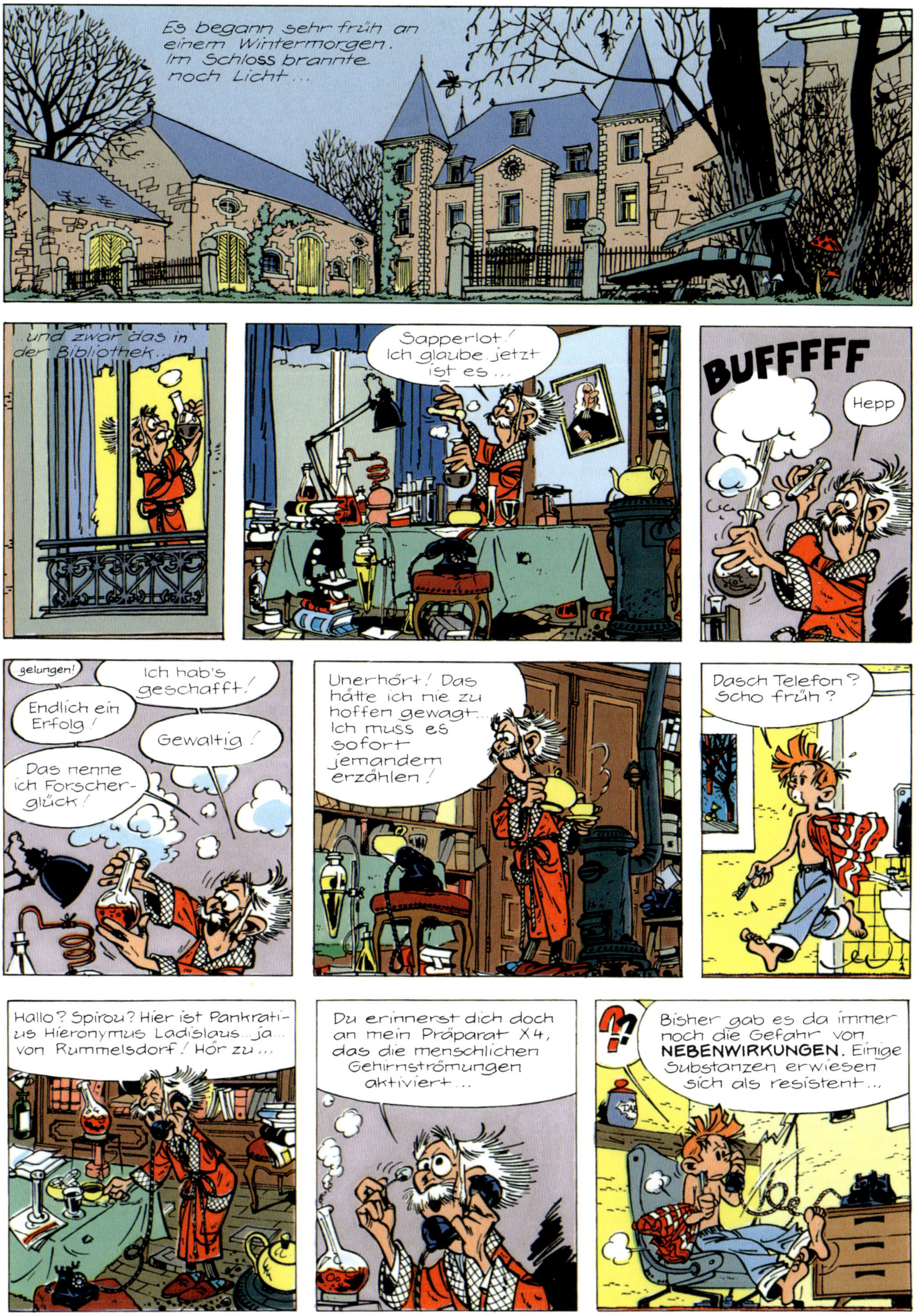

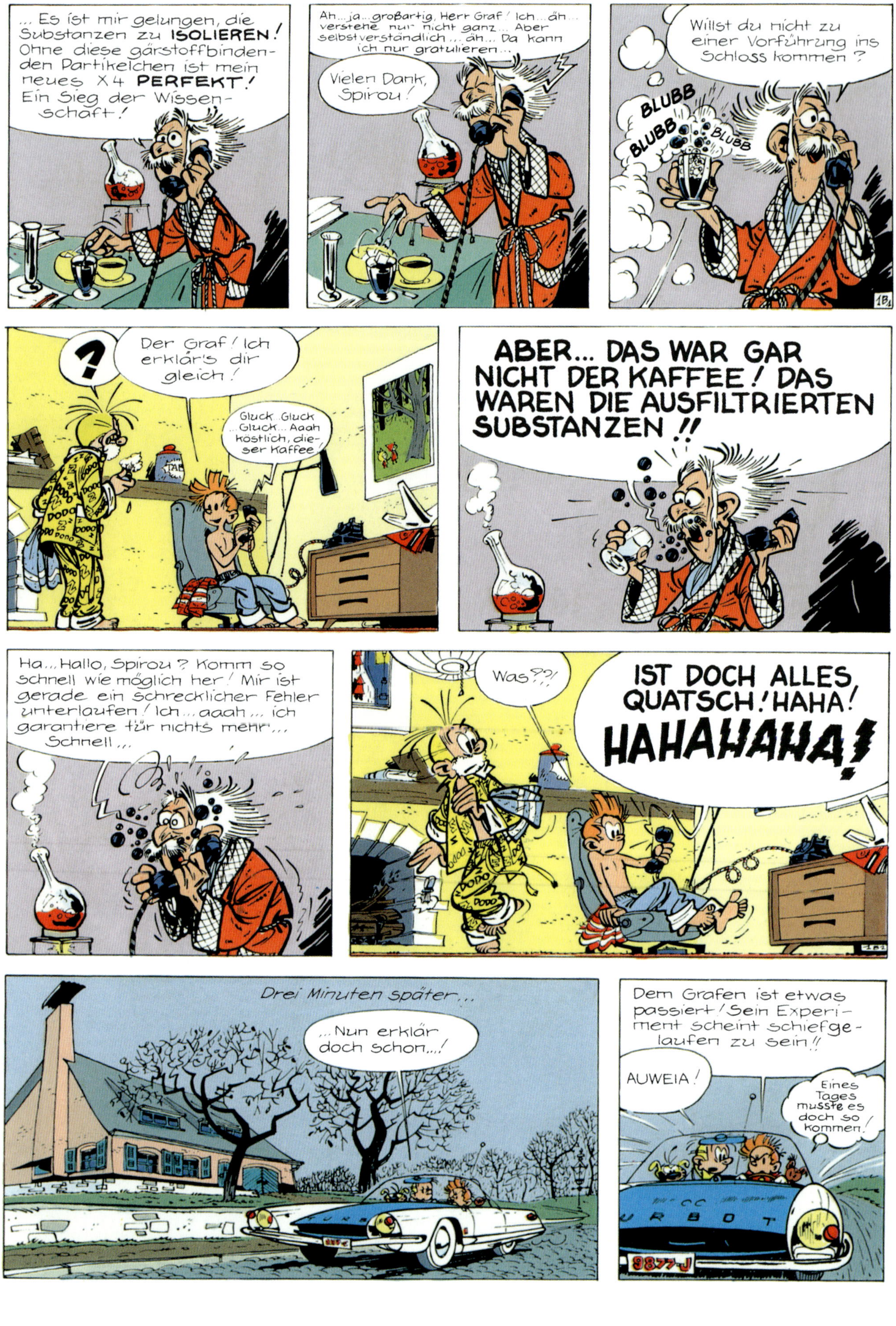
... Es ist mir gelungen, die Substanzen zu **ISOLIEREN**! Ohne diese gärstoffbindenden Partikelchen ist mein neues X4 **PERFEKT**! Ein Sieg der Wissenschaft!
Ah... ja... großartig, Herr Graf! Ich... äh... verstehe nur nicht ganz... Aber selbstverständlich... äh... Da kann ich nur gratulieren...
Vielen Dank, Spirou!
BLUBB
BLUBB
BLUBB
Willst du nicht zu einer Vorführung ins Schloss kommen?
?
Der Graf! Ich erklär's dir gleich!
Gluck... Gluck... Gluck... Aaah... köstlich, dieser Kaffee!
ABER... DAS WAR GAR NICHT DER KAFFEE! DAS WAREN DIE AUSFILTRIERTEN SUBSTANZEN!!
Ha... Hallo, Spirou? Komm so schnell wie möglich her! Mir ist gerade ein schrecklicher Fehler unterlaufen! Ich... aaah... ich garantiere für nichts mehr... Schnell...
Was?!
IST DOCH ALLES QUATSCH! HAHA! HAHAHAHA!
Drei Minuten später...
... Nun erklär doch schon...!
Dem Grafen ist etwas passiert! Sein Experiment scheint schiefgelaufen zu sein!!
AUWEIA!
Eines Tages musste es doch so kommen!

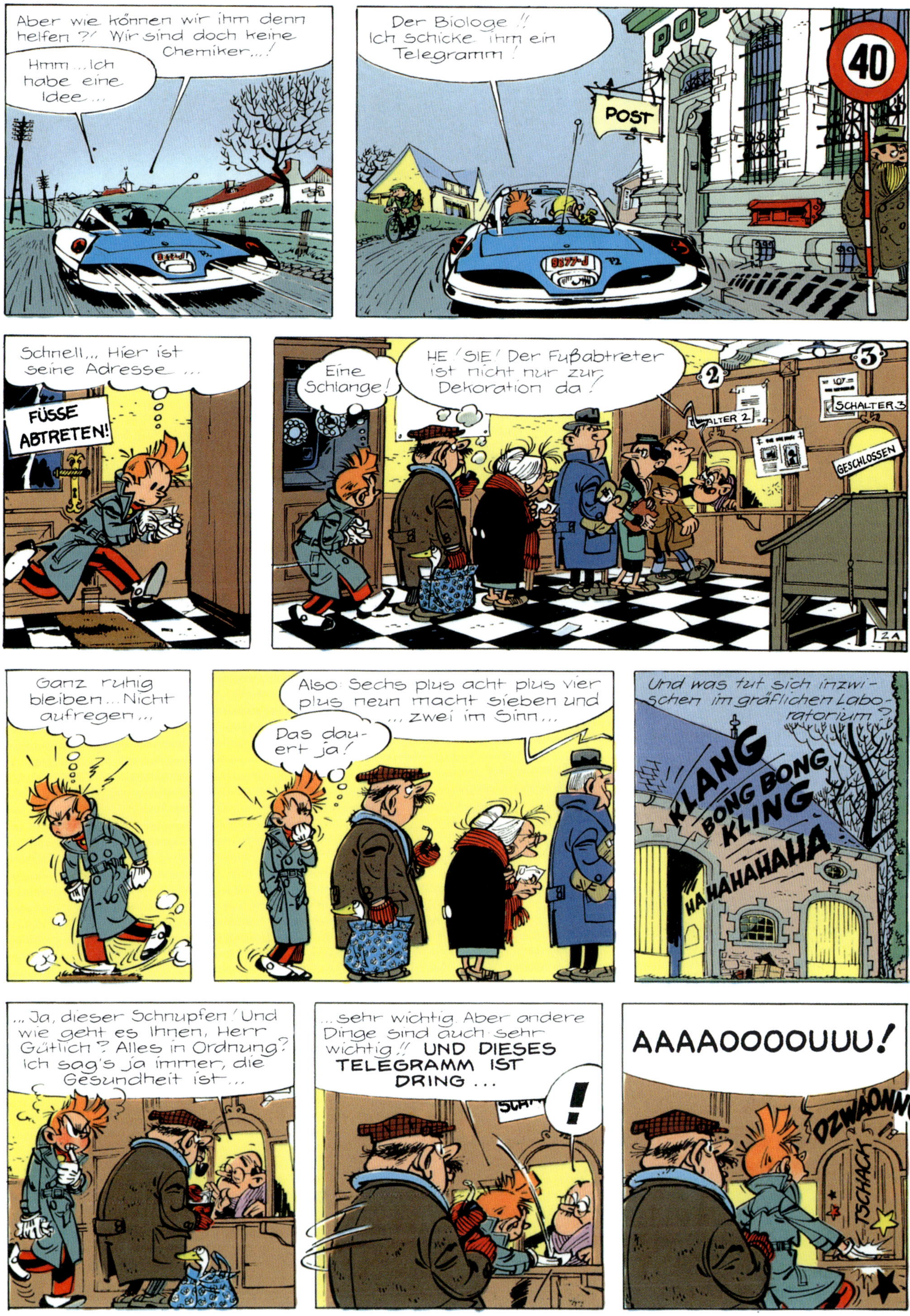
Aber wie können wir ihm denn helfen ?! Wir sind doch keine Chemiker...!
Hmm... Ich habe eine Idee...
Der Biologe !! Ich schicke ihm ein Telegramm !
POST
40
Schnell... Hier ist seine Adresse...
FÜSSE ABTRETEN!
Eine Schlange!
HE ! SIE ! Der Fußabtreter ist nicht nur zur Dekoration da !
SCHALTER 2
SCHALTER 3
GESCHLOSSEN
Ganz ruhig bleiben... Nicht aufregen...
Also: Sechs plus acht plus vier plus neun macht sieben und ... zwei im Sinn...
Das dauert ja!
Und was tut sich inzwischen im gräflichen Laboratorium ?
KLANG
BONG BONG
KLING
HAHAHAHAHA
... Ja, dieser Schnupfen ! Und wie geht es Ihnen, Herr Gütlich ? Alles in Ordnung? Ich sag's ja immer, die Gesundheit ist...
... sehr wichtig. Aber andere Dinge sind auch sehr wichtig !! UND DIESES TELEGRAMM IST DRING ...
!
AAAAOOOOUUU!
DZWAONNG
TSCHACK

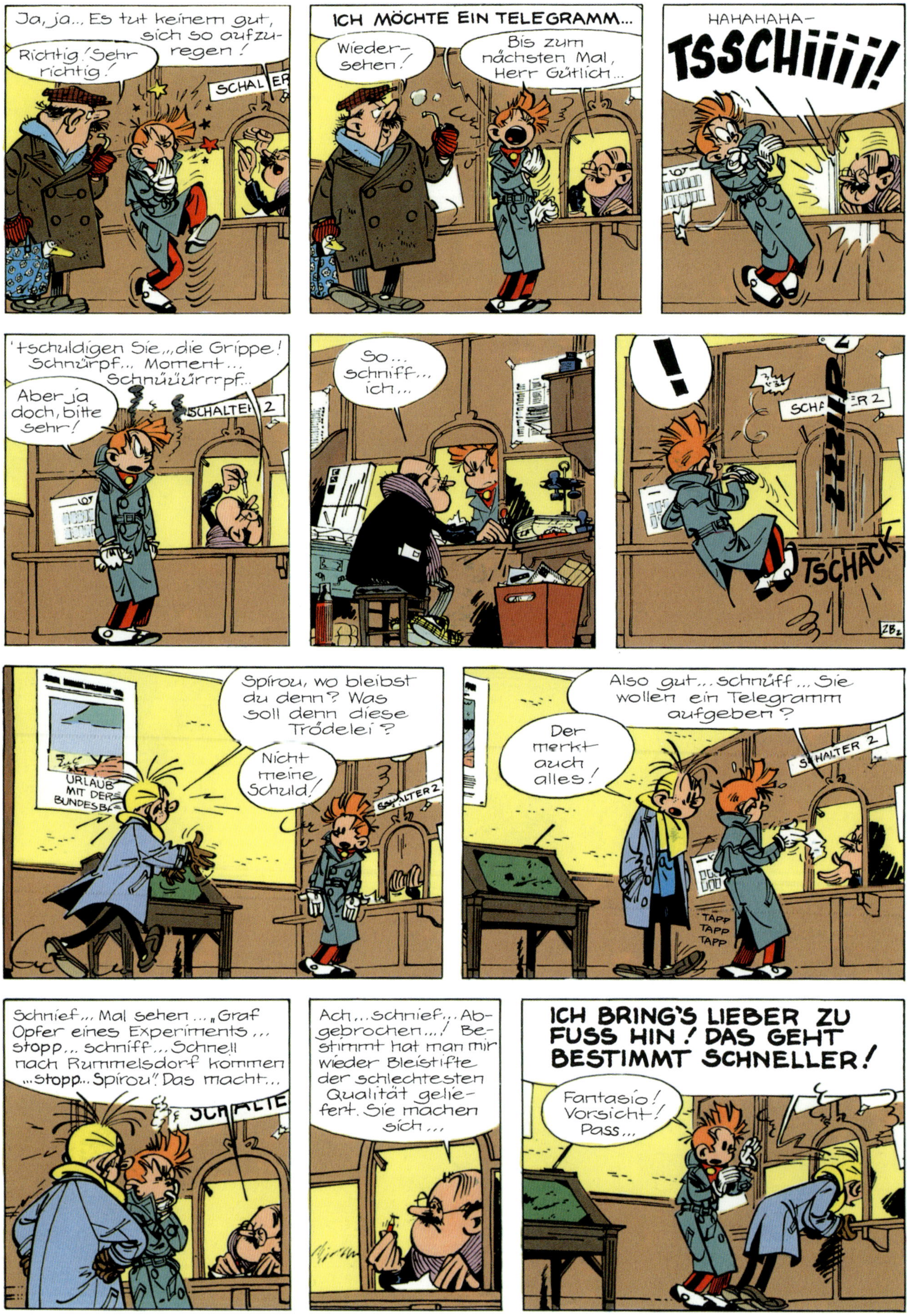

Ja, ja... Es tut keinem gut, sich so aufzuregen!
Richtig! Sehr richtig!
SCHALTER
ICH MÖCHTE EIN TELEGRAMM...
Wiedersehen!
Bis zum nächsten Mal, Herr Gütlich...
HAHAHAHA–
TSSCHiiiii!
'tschuldigen Sie... die Grippe! Schnürpf... Moment... Schnüüürrrpf...
Aber ja doch, bitte sehr!
SCHALTER 2
So... schniff... ich...
!
SCHALTER 2
ZZZIP
TSCHACK
Spirou, wo bleibst du denn? Was soll denn diese Trödelei?
Nicht meine Schuld!
URLAUB MIT DER BUNDESBA
SCHALTER 2
Also gut... schnüff... Sie wollen ein Telegramm aufgeben?
Der merkt auch alles!
SCHALTER 2
TAPP TAPP TAPP
Schnief... Mal sehen... „Graf Opfer eines Experiments... stopp... schniff... Schnell nach Rummelsdorf kommen ...stopp... Spirou" Das macht...
Ach... schnief... Abgebrochen...! Bestimmt hat man mir wieder Bleistifte der schlechtesten Qualität geliefert. Sie machen sich...
ICH BRING'S LIEBER ZU FUSS HIN! DAS GEHT BESTIMMT SCHNELLER!
Fantasio! Vorsicht! Pass...

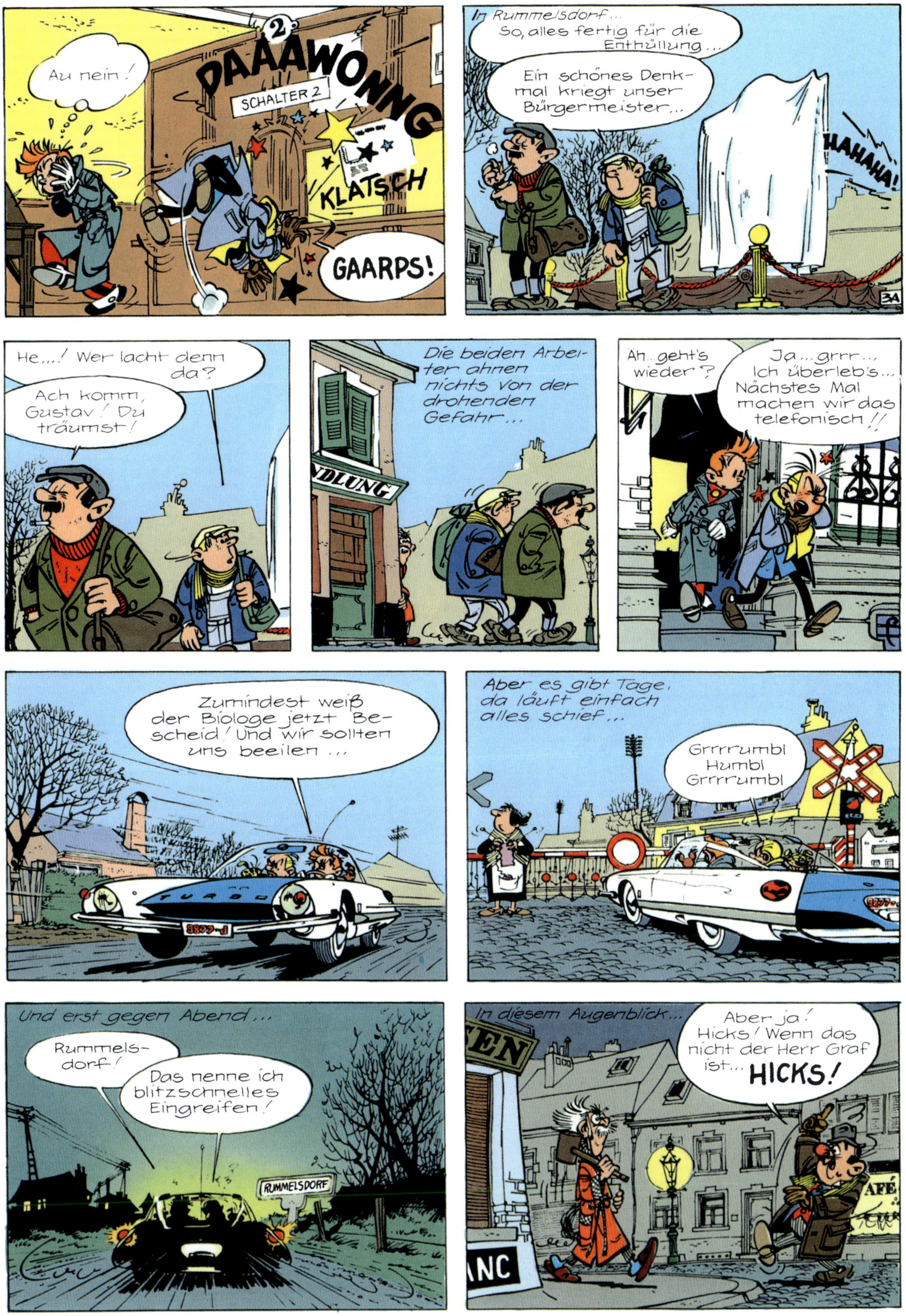
Au nein!
2
DAAAWONNG
SCHALTER 2
KLATSCH
GAARPS!
In Rummelsdorf...
So, alles fertig für die Enthüllung...
Ein schönes Denkmal kriegt unser Bürgermeister...
HAHAHA!
He...! Wer lacht denn da?
Ach komm, Gustav! Du träumst!
Die beiden Arbeiter ahnen nichts von der drohenden Gefahr...
NDLUNG
Äh... geht's wieder?
Ja... grrr... Ich überleb's... Nächstes Mal machen wir das telefonisch!!
Zumindest weiß der Biologe jetzt Bescheid! Und wir sollten uns beeilen...
TURBO
Aber es gibt Tage, da läuft einfach alles schief...
Grrrrumbl Humbl Grrrrumbl
Und erst gegen Abend...
Rummelsdorf!
Das nenne ich blitzschnelles Eingreifen!
RUMMELSDORF
In diesem Augenblick...
Aber ja! Hicks! Wenn das nicht der Herr Graf ist... HICKS!

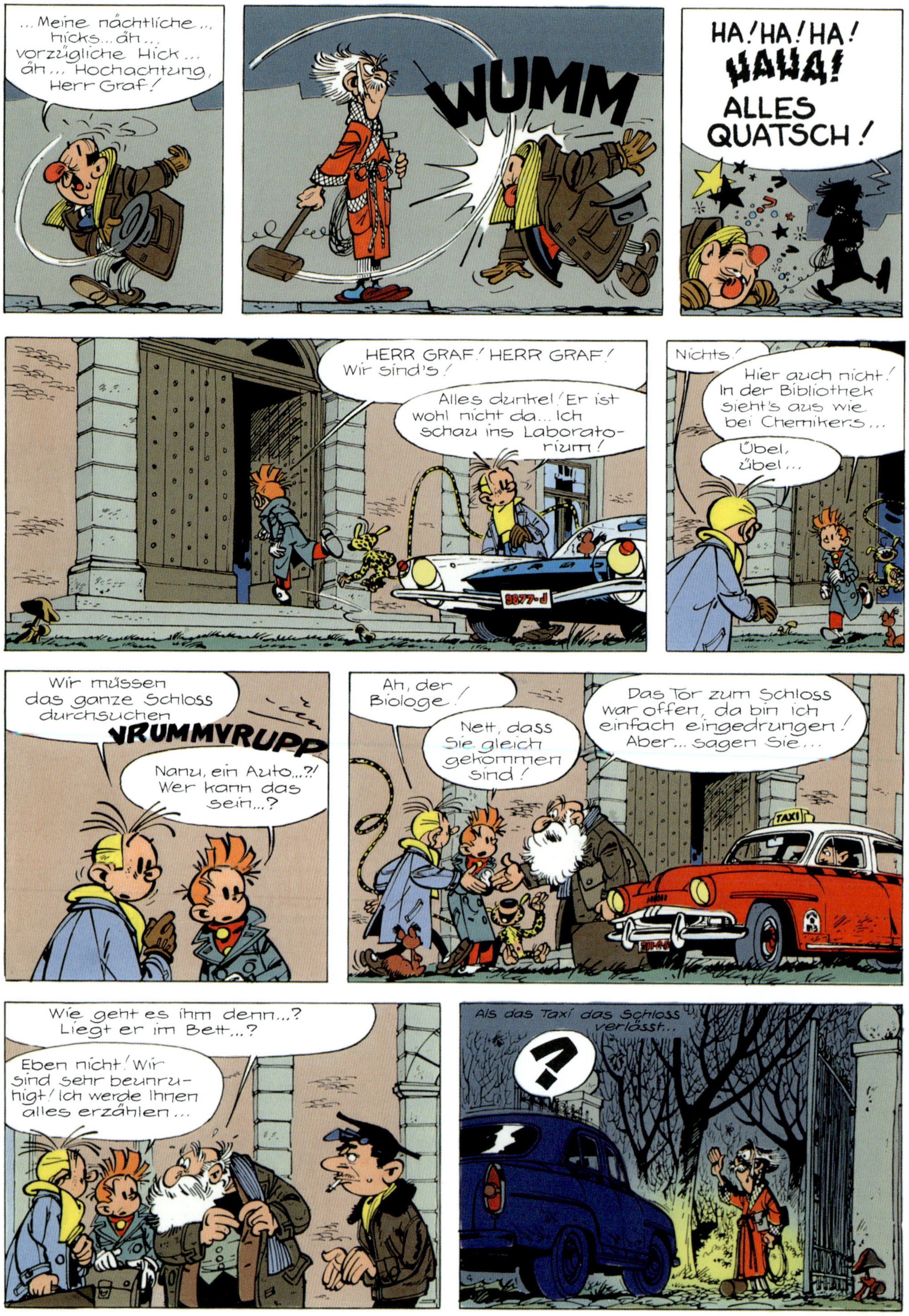

...Meine nächtliche... hicks... äh... vorzügliche Hick... äh... Hochachtung, Herr Graf!
WUMM
HA! HA! HA! HAHA! ALLES QUATSCH!
HERR GRAF! HERR GRAF! Wir sind's!
Alles dunkel! Er ist wohl nicht da... Ich schau ins Laboratorium!
9877-J
Nichts!
Hier auch nicht! In der Bibliothek sieht's aus wie bei Chemikers...
Übel, übel...
Wir müssen das ganze Schloss durchsuchen
VRUMMVRUPP
Nanu, ein Auto...?! Wer kann das sein...?
Ah, der Biologe!
Nett, dass Sie gleich gekommen sind!
Das Tor zum Schloss war offen, da bin ich einfach eingedrungen! Aber... sagen Sie...
TAXI
Wie geht es ihm denn...? Liegt er im Bett...?
Eben nicht! Wir sind sehr beunruhigt! Ich werde Ihnen alles erzählen...
Als das Taxi das Schloss verlässt...
?

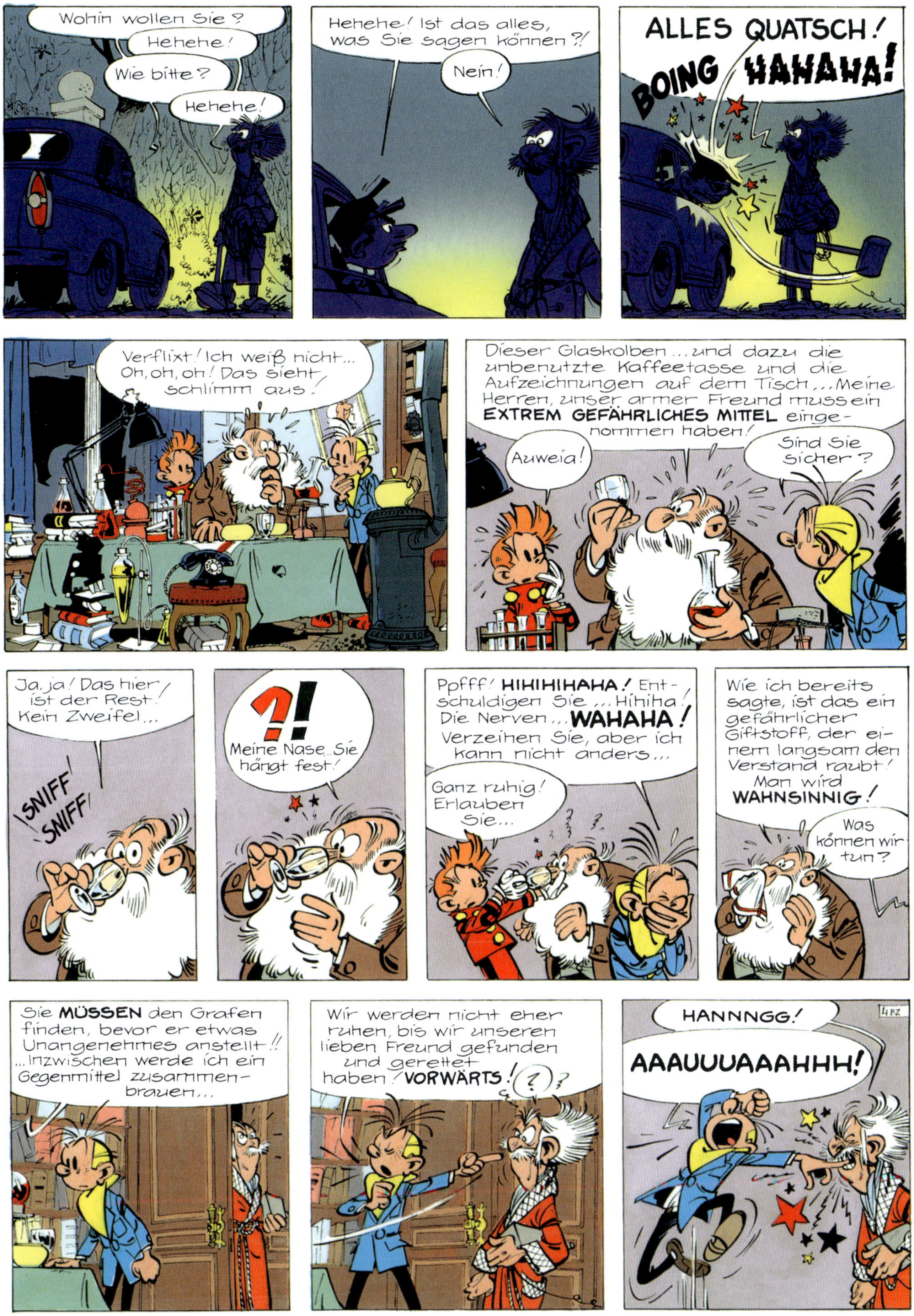
Wohin wollen Sie?
Hehehe!
Wie bitte?
Hehehe!
Hehehe! Ist das alles, was Sie sagen können?!
Nein!
ALLES QUATSCH!
BOING
HAHAHA!
Verflixt! Ich weiß nicht... Oh, oh, oh! Das sieht schlimm aus!
Dieser Glaskolben ... und dazu die unbenutzte Kaffeetasse und die Aufzeichnungen auf dem Tisch... Meine Herren, unser armer Freund muss ein EXTREM GEFÄHRLICHES MITTEL eingenommen haben!
Auweia!
Sind Sie sicher?
Ja, ja! Das hier ist der Rest! Kein Zweifel...
SNIFF SNIFF
?!
Meine Nase.. Sie hängt fest!
Ppfff! HIHIHIHAHA! Entschuldigen Sie... Hihiha! Die Nerven... WAHAHA! Verzeihen Sie, aber ich kann nicht anders...
Ganz ruhig! Erlauben Sie...
Wie ich bereits sagte, ist das ein gefährlicher Giftstoff, der einem langsam den Verstand raubt! Man wird WAHNSINNIG!
Was können wir tun?
Sie MÜSSEN den Grafen finden, bevor er etwas Unangenehmes anstellt!! ...Inzwischen werde ich ein Gegenmittel zusammenbrauen...
Wir werden nicht eher ruhen, bis wir unseren lieben Freund gefunden und gerettet haben! VORWÄRTS!
??
HANNNGG!
AAAUUUAAAHHH!

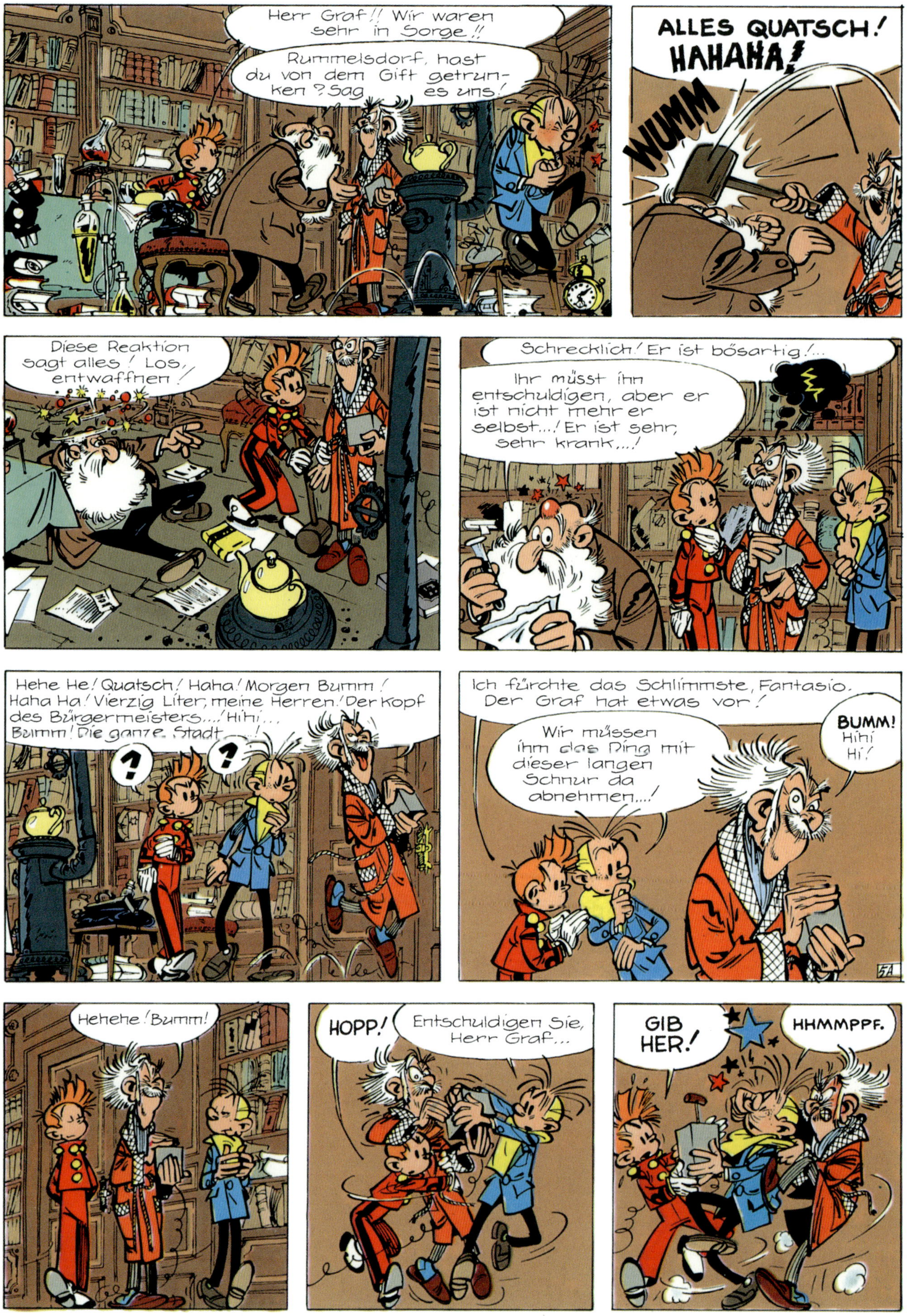
Herr Graf!! Wir waren sehr in Sorge!!
Rummelsdorf, hast du von dem Gift getrunken? Sag es uns!
ALLES QUATSCH! HAHAHA!
WUMM
Diese Reaktion sagt alles! Los, entwaffnen!
Schrecklich! Er ist bösartig!...
Ihr müsst ihn entschuldigen, aber er ist nicht mehr er selbst...! Er ist sehr, sehr krank...!
Hehe He! Quatsch! Haha! Morgen Bumm! Haha Ha! Vierzig Liter, meine Herren! Der Kopf des Bürgermeisters...! Hihi... Bumm! Die ganze Stadt...!
?
?
Ich fürchte das Schlimmste, Fantasio. Der Graf hat etwas vor!
Wir müssen ihm das Ding mit dieser langen Schnur da abnehmen...!
BUMM! Hihi Hi!
Hehehe! Bumm!
HOPP!
Entschuldigen Sie, Herr Graf...
GIB HER!
HHMMPPF.

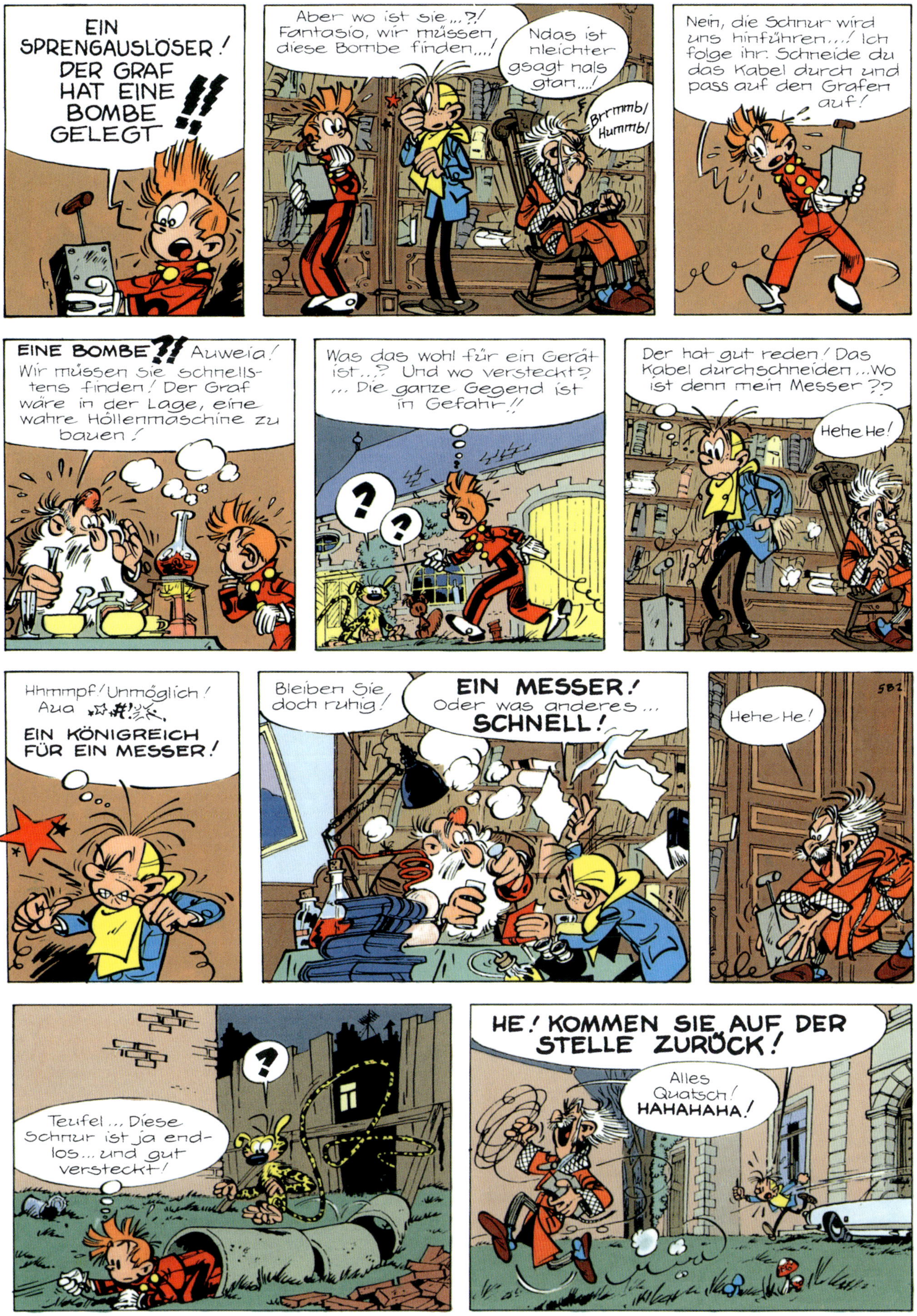
EIN SPRENGAUSLÖSER! DER GRAF HAT EINE BOMBE GELEGT!!
Aber wo ist sie...?! Fantasio, wir müssen diese Bombe finden...!
Ndas ist nleichter gsagt nals gtan...!
Brrrmmb! Hummb!
Nein, die Schnur wird uns hinführen...! Ich folge ihr. Schneide du das Kabel durch und pass auf den Grafen auf!
EINE BOMBE?! Auweia! Wir müssen sie schnellstens finden! Der Graf wäre in der Lage, eine wahre Höllenmaschine zu bauen!
Was das wohl für ein Gerät ist...? Und wo versteckt? ... Die ganze Gegend ist in Gefahr!!
Der hat gut reden! Das Kabel durchschneiden... Wo ist denn mein Messer??
Hehe He!
Hhmmpf! Unmöglich! Aua
EIN KÖNIGREICH FÜR EIN MESSER!
Bleiben Sie doch ruhig!
EIN MESSER! Oder was anderes... SCHNELL!
Hehe He!
Teufel... Diese Schnur ist ja endlos... und gut versteckt!
HE! KOMMEN SIE AUF DER STELLE ZURÜCK!
Alles Quatsch! HAHAHAHA!

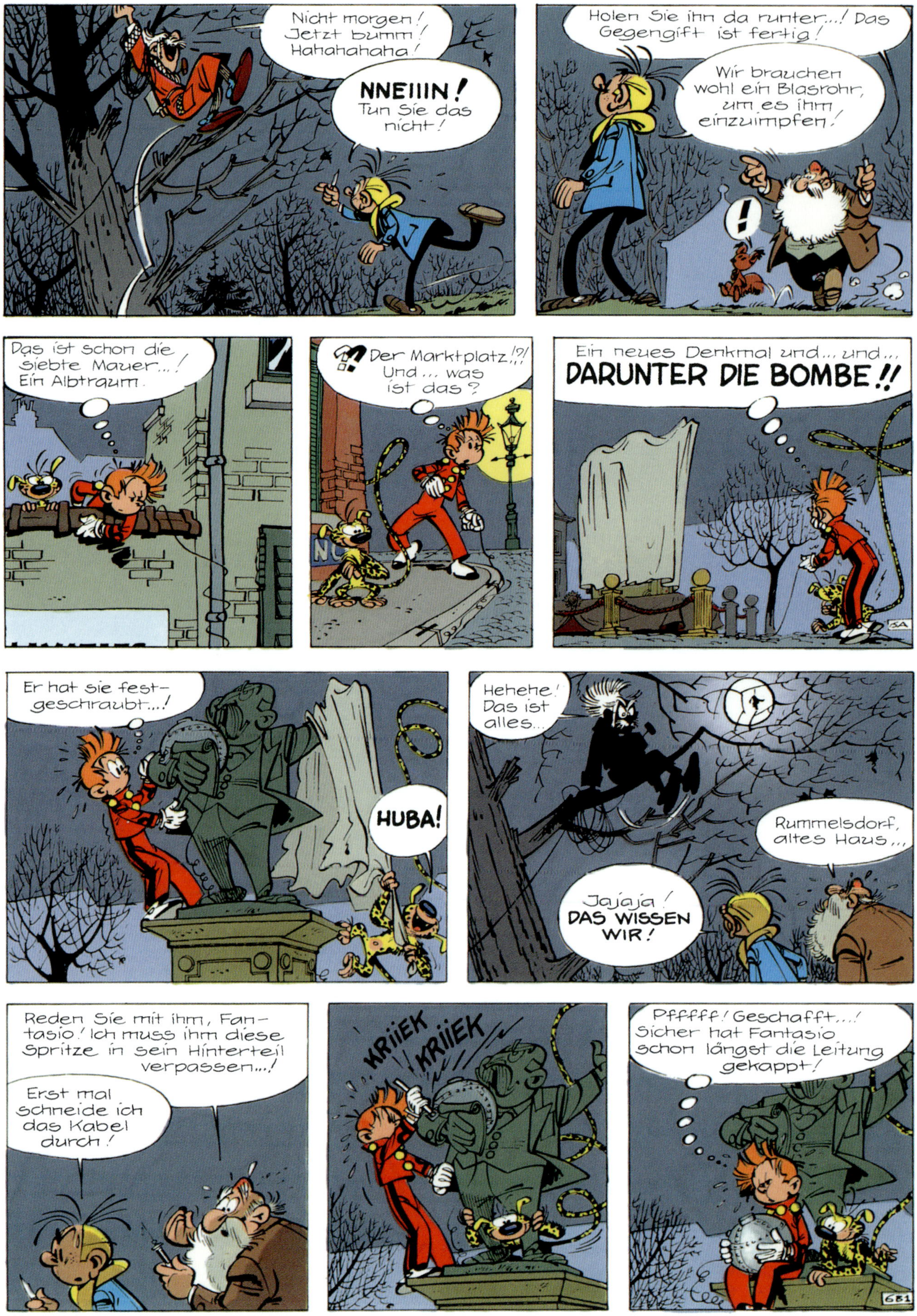
Nicht morgen! Jetzt bumm! Hahahahaha!
NNEIIIN! Tun Sie das nicht!
Holen Sie ihn da runter...! Das Gegengift ist fertig!
Wir brauchen wohl ein Blasrohr, um es ihm einzuimpfen!
!
Das ist schon die siebte Mauer...! Ein Albtraum.
Der Marktplatz!?! Und ... was ist das?
Ein neues Denkmal und... und...
DARUNTER DIE BOMBE!!
Er hat sie fest-geschraubt...!
HUBA!
Hehehe! Das ist alles...
Rummelsdorf, altes Haus...
Jajaja! DAS WISSEN WIR!
Reden Sie mit ihm, Fantasio! Ich muss ihm diese Spritze in sein Hinterteil verpassen...!
Erst mal schneide ich das Kabel durch!
KRIIEK KRIIEK
Pffffff! Geschafft...! Sicher hat Fantasio schon längst die Leitung gekappt!

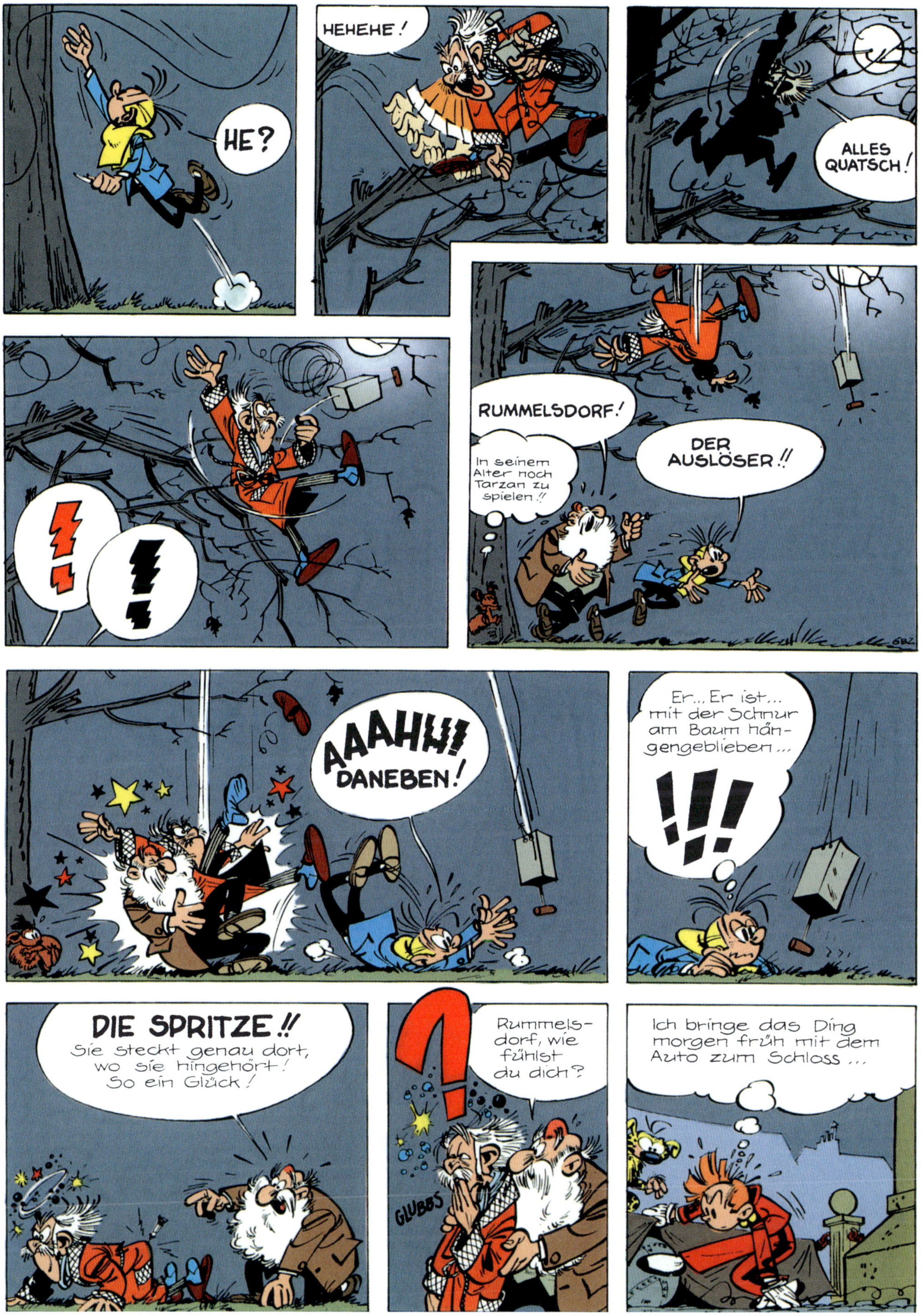
HE?
HEHEHE!
ALLES QUATSCH!
RUMMELSDORF!
In seinem Alter noch Tarzan zu spielen!!
DER AUSLÖSER!!
AAAHH! DANEBEN!
Er... Er ist... mit der Schnur am Baum hängengeblieben...
DIE SPRITZE!! Sie steckt genau dort, wo sie hingehört! So ein Glück!
GLUBBS
Rummelsdorf, wie fühlst du dich?
Ich bringe das Ding morgen früh mit dem Auto zum Schloss...

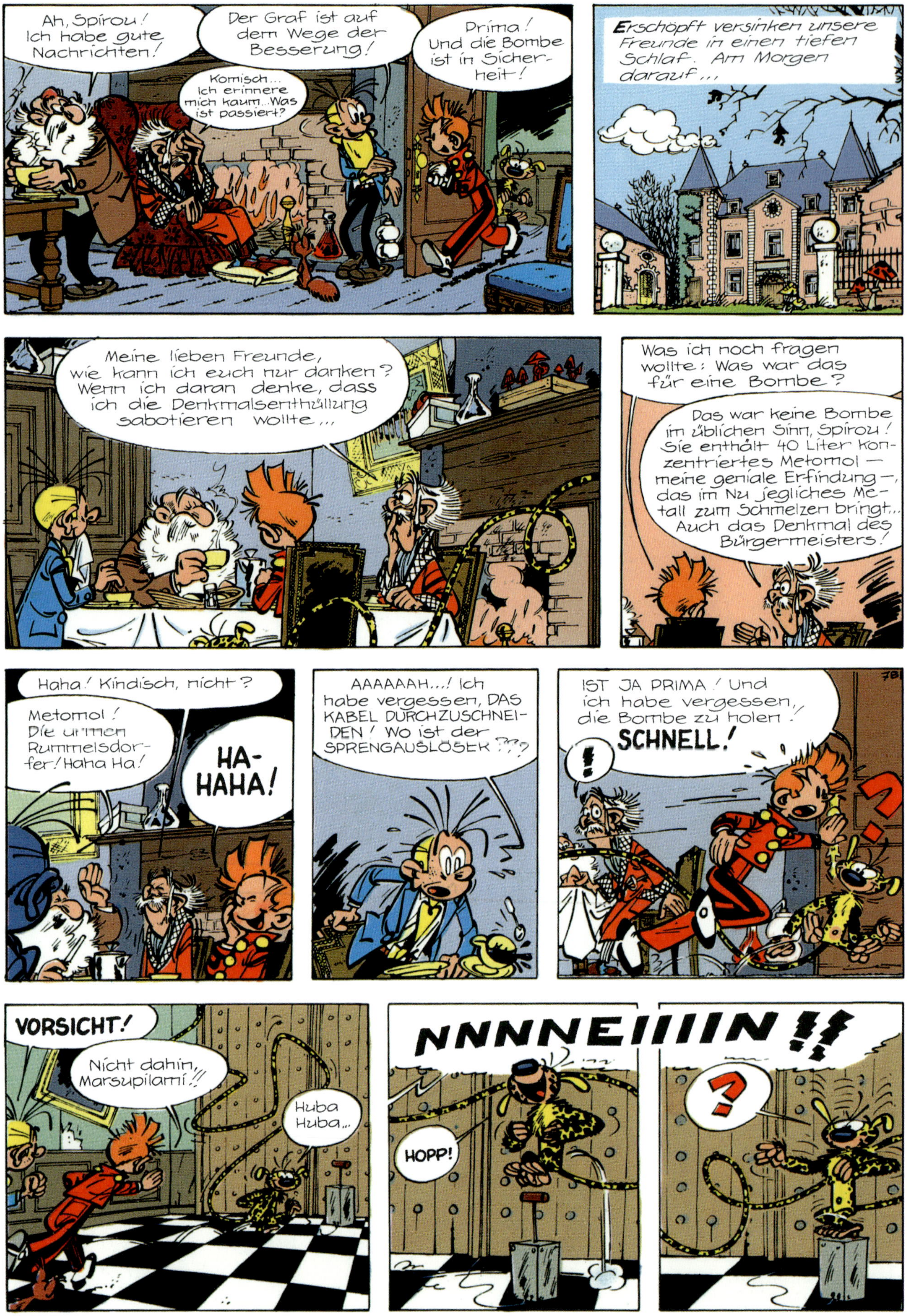
Ah, Spirou! Ich habe gute Nachrichten!
Der Graf ist auf dem Wege der Besserung!
Komisch... Ich erinnere mich kaum... Was ist passiert?
Prima! Und die Bombe ist in Sicherheit!
Erschöpft versinken unsere Freunde in einen tiefen Schlaf. Am Morgen darauf...
Meine lieben Freunde, wie kann ich euch nur danken? Wenn ich daran denke, dass ich die Denkmalsenthüllung sabotieren wollte...
Was ich noch fragen wollte: Was war das für eine Bombe?
Das war keine Bombe im üblichen Sinn, Spirou! Sie enthält 40 Liter konzentriertes Metomol — meine geniale Erfindung —, das im Nu jegliches Metall zum Schmelzen bringt... Auch das Denkmal des Bürgermeisters!
Haha! Kindisch, nicht?
Metomol! Die armen Rummelsdorfer! Haha Ha!
HA-HAHA!
AAAAAAH...! Ich habe vergessen, DAS KABEL DURCHZUSCHNEIDEN! Wo ist der SPRENGAUSLÖSER ???
IST JA PRIMA! Und ich habe vergessen, die Bombe zu holen!
SCHNELL!
!
?
VORSICHT!
Nicht dahin, Marsupilami!!
Huba Huba...
NNNNEIIIIN!!
HOPP!
?

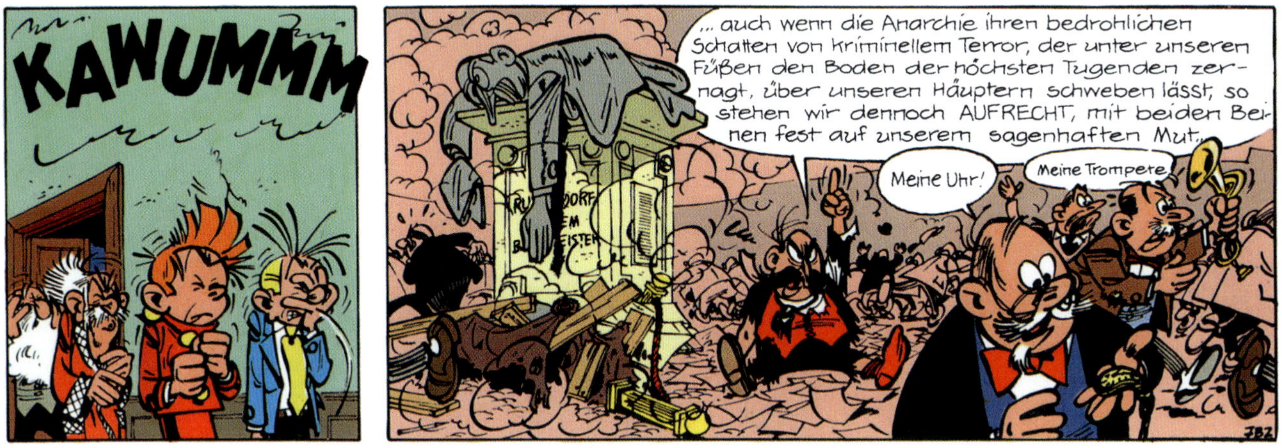
KAWUMMM
... auch wenn die Anarchie ihren bedrohlichen Schatten von kriminellem Terror, der unter unseren Füßen den Boden der höchsten Tugenden zernagt, über unseren Häuptern schweben lässt, so stehen wir dennoch AUFRECHT, mit beiden Beinen fest auf unserem sagenhaften Mut...
Meine Uhr!
Meine Trompete

ENDE

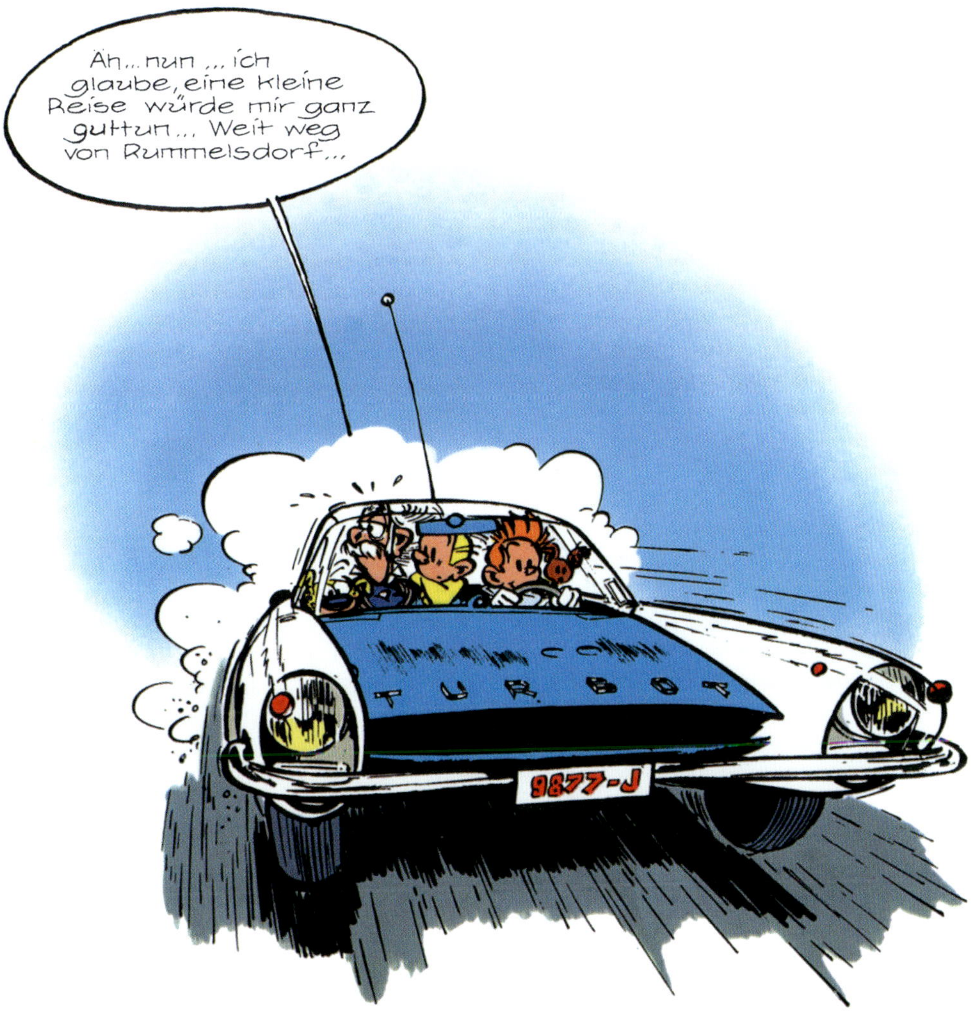
Äh... nun ... ich glaube, eine kleine Reise würde mir ganz guttun... Weit weg von Rummelsdorf...
TURBOT
9877-J

Erfindungen in SPIROU+FANTASIO

VORSICHT, EXPERIMENTE!

Action de luxe!

In der rasanten Welt von Spirou und Fantasio ist eins wichtig: Erfindungsreichtum! Nonstop liefern sich die Freunde und ihre Widersacher deshalb ein Wettrennen um die heißesten Autos, utopischsten Flugobjekte und verrücktesten Apparate. Prototypen raus, coole Typen rein!

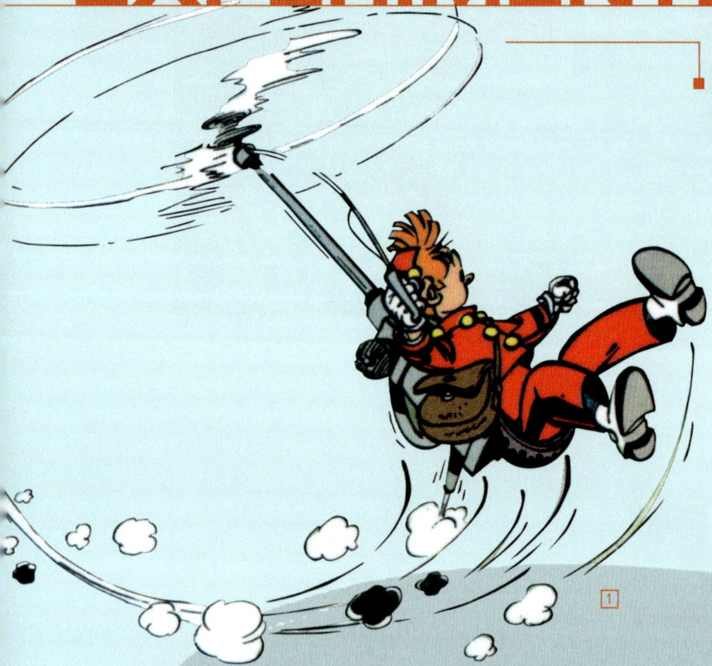

1

DER FANTA SCHRAUBER

Im Wettkampf um den Nachlass von Fantasios Onkel in »Eine aufregende Erbschaft« lautet die erste Aufgabe, eine nützliche Erfindung zu machen. Nach einigen eher unsinnigen Ideen wie einer Brille mit Scheibenwischern und einem elektrischen Hutheber entwickelt Fantasio diesen genialen Einmann-Hubschrauber, der auch in »Aktion Nashorn« und »Das Versteck der Muräne« zum Einsatz kommt.

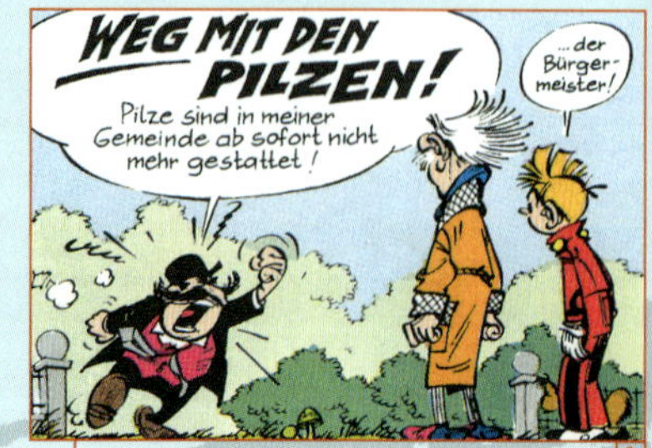

2

Die Rummelsdorfer hassen Experimente!

DIE PILZEXTRAKTE DES GRAFEN VON RUMMELSDORF

Schon vor ihrer ersten Begegnung mit dem etwas verschrobenen Grafen im Abenteuer »Der Zauberer von Rummelsdorf« stoßen Spirou und Fantasio auf die Auswirkungen seiner Experimente mit verschiedenen Pilzextrakten. An deren Ende stehen so nützliche Mittel wie das X1, das übermenschliche Kräfte verleiht, oder das X4, das die Funktion der Gehirnzellen um ein Vielfaches steigert. Aus dem Labor des Grafen stammen aber auch gemeingefährliche Substanzen wie das X2, das einen Menschen innerhalb weniger Stunden um Jahre altern lässt.

DIE LILIPUT-STRAHLEN

Diese revolutionäre Erfindung eines Rummelsdorfer Fotografen beschert Spirou in »Tiefenrausch« einen Schock. Als er eine Miniaturausgabe von Fantasio entdeckt, glaubt er, sein bester Freund sei auf Däumlingsgröße geschrumpft. Dass es sich bei diesem Minifantasio lediglich um eine lebensechte, synthetische Nachbildung – eine Art 3-D-Foto – handelt, erfährt Spirou erst nach jeder Menge Chaos.

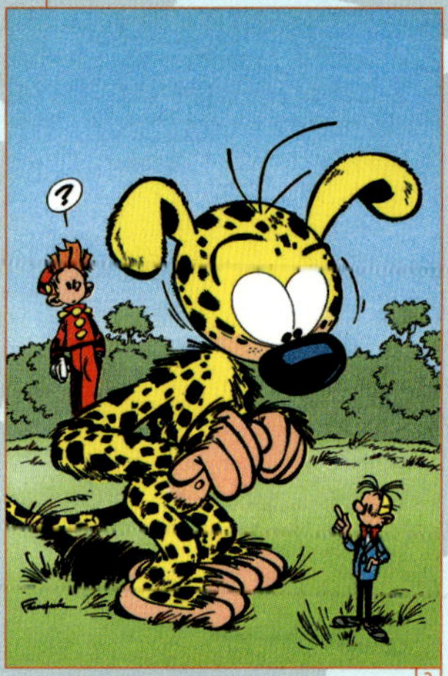

3

Die Liliputstrahlen bieten eine völlig neue Sichtweise auf Fantasio.

DIE ZYKLOSTRAHLEN

Die gefährlichste Waffe des Zyklotrop sind seine Zyklostrahlen, die Menschen in willenlose Marionetten verwandeln, mit deren Hilfe er in »Der Plan des Zyklotrop« die Weltherrschaft an sich reißen will. Als er versehentlich selbst eine Überdosis der Strahlen abbekommt, verliert er das Gedächtnis und entwickelt sich vorübergehend zum Kleinkind zurück, was in »Schnuller und Zyklostrahlen« für eine Menge Turbulenzen sorgt.

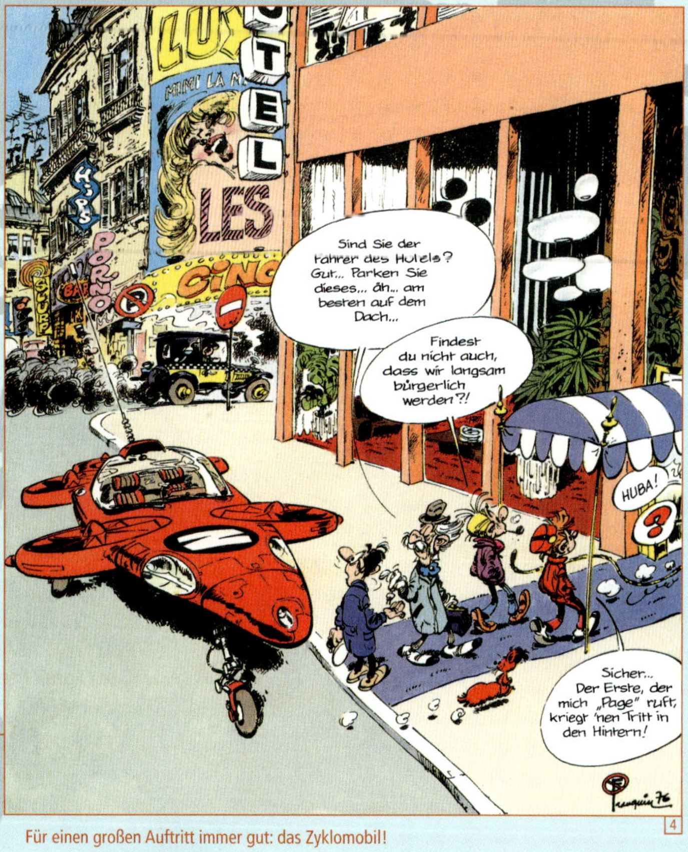

4

Für einen großen Auftritt immer gut: das Zyklomobil!

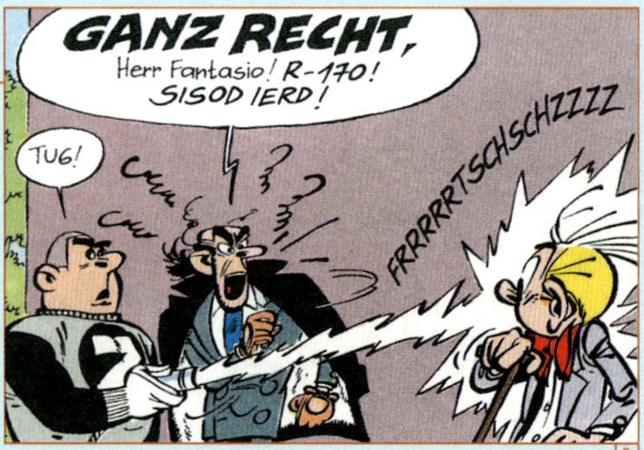

2

Und zack! Auch Fantasio wird Opfer der fiesen Zyklostrahlen.

DAS ZYKLOMOBIL

Auch wenn sich der Möchtegerndiktator Zyklotrop im Umgang mit seinen Mitmenschen eher linkisch anstellt: Seine Erfindungen haben Hand und Fuß und machen ihn in »Der Plan des Zyklotrop« zu einer ernst zu nehmenden Bedrohung. Die von ihm konstruierten Propeller- und Turbinenmaschinen sind Science-Fiction pur!

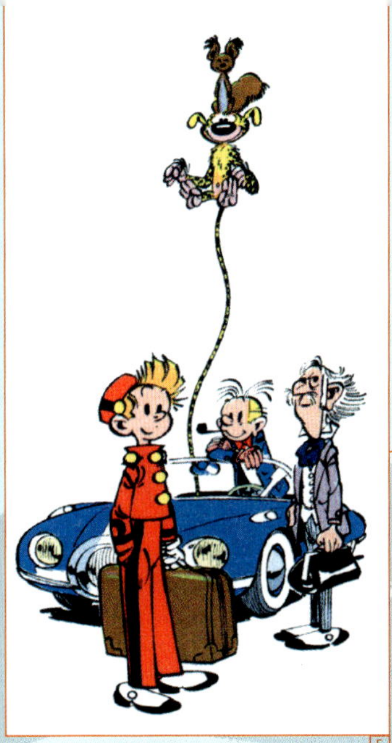

5 Frische Klamotten, volltanken und zurück auf die Piste: Boxenstopp mit dem Turbot I.

DER RHINO-TURBOT I UND DER TURBOT II

Der Rhino-Turbot I ist ein revolutionäres Fahrzeug mit Propellertriebwerk und Vorderradantrieb, dessen geheime Baupläne Spirou und Fantasio in der Geschichte »Aktion Nashorn« in einer abenteuerlichen Jagd quer durch Afrika vor Werksspionen retten. Aus Dankbarkeit schenken ihnen die Turbot-Automobilwerke den Prototyp des neuartigen Wagens. Einige Jahre später gelangen die Freunde in »Ferienfahrt mit Hindernissen« (im Album »Goldminen und Gorillas«) unter ähnlich spektakulären Umständen an das Nachfolgemodell des turbinenbetriebenen Flitzers, den Turbot II.

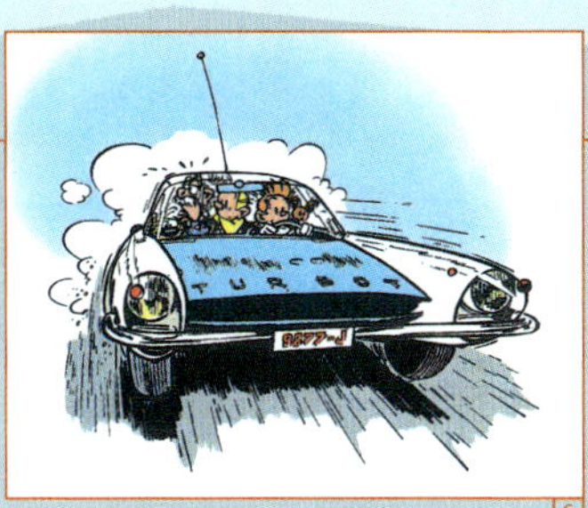

6 Mit Vollgas ins Abenteuer! Die Freunde im Turbot II.

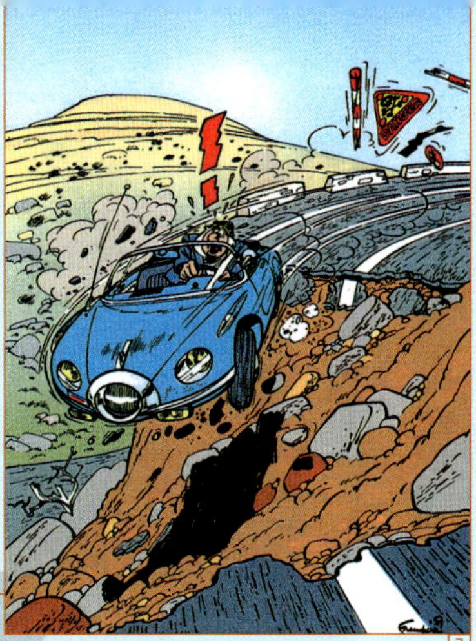

7 Und tschüss! Der Abgang des Turbot I.

DIE RUCK-ZUCK-ZEITMASCHINE

Diese Erfindung von Aurelius von Rummelsdorf, einem Nachfahren des Grafen, ermöglicht wahrhaftig Reisen durch die Zeit. Aurelius und sein Schnüffelschwein reisen mit der »Ruck-Zuck-Zeitmaschine« zurück in die Gegenwart, wo sie auf Spirou und Fantasio treffen. Mit den beiden im Schlepptau verschlägt es die Zeitreisenden danach in das Südamerika der portugiesischen Eroberer.

DER GAMMA-ATOM-GENERATOR

Die mit dem Grafen befreundeten Physiker Nikolai Inovskyev und Harold Longplaying machen in »Gefangen im Tal der Buddhas« eine revolutionäre Entdeckung: Ihre Erfindung, der Gamma-Atom-Generator (G.A.G.), ist tatsächlich in der Lage, die Schwerkraft aufzuheben. Doch statt abzuheben, stürzen Spirou und Fantasio tief. Und zwar in eine gefahrvolle Auseinandersetzung mit dem chinesischen Geheimdienst.

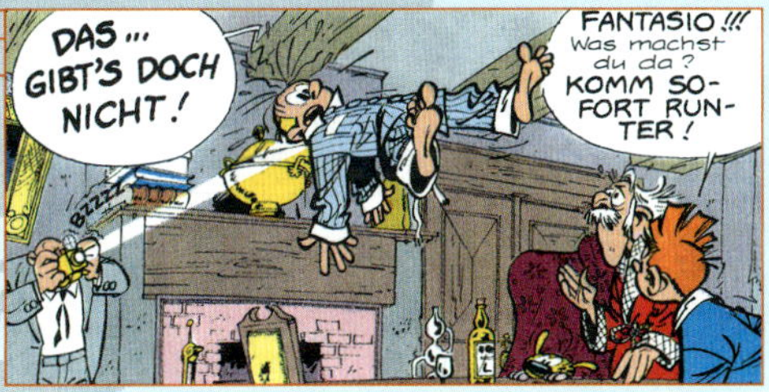

8 Der G.A.G. lässt Fantasio unter die Decke gehen.

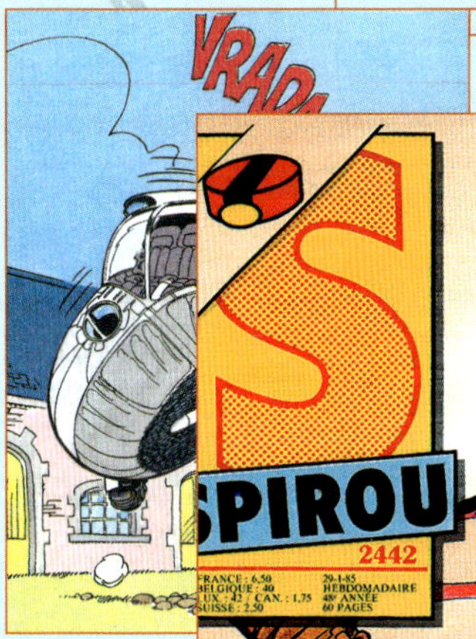

9 Damit vergeht die Zeit wie im Flug: Die Ruck-Zuck-Zeitmaschine.

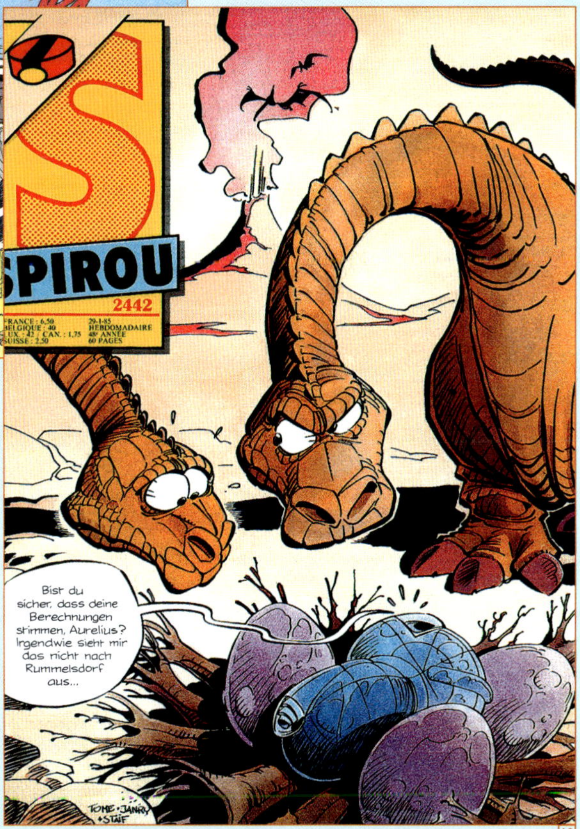

10 Das Reisen mit der Zeitmaschine birgt ein gewisses Risiko.

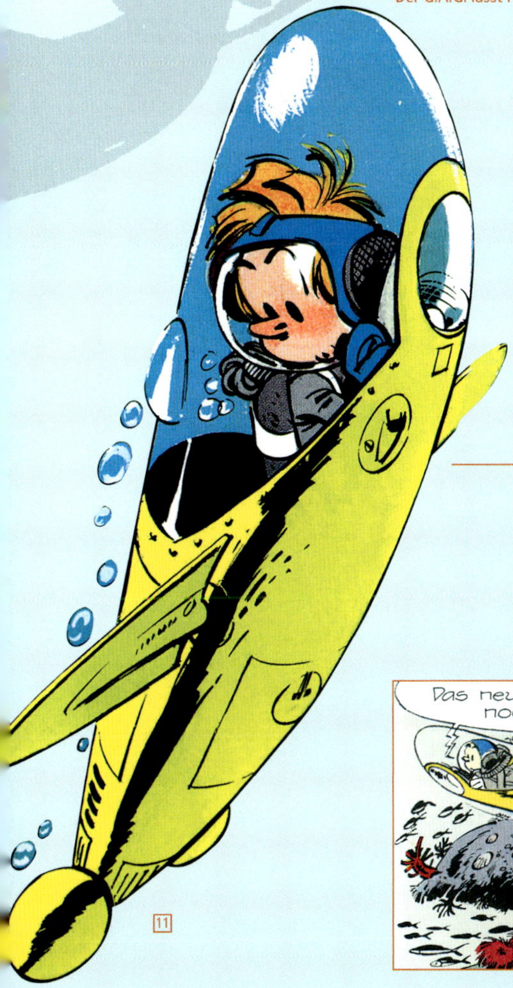

11

DAS U-BOOT DES GRAFEN

Die Unterwasserabenteuer »Das Versteck der Muräne« und »Tiefenrausch« wären ohne die fantastische U-Boot-Konstruktion des Grafen niemals möglich gewesen. Das wasserdurchlässige Einmann-U-Boot ermöglicht Spirou dank seines Düsenantriebs schnelles und wendiges Tauchen – ein großer Vorteil in den spektakulären Unterwasserkämpfen mit den Bewohnern der Tiefseestadt Korallion.

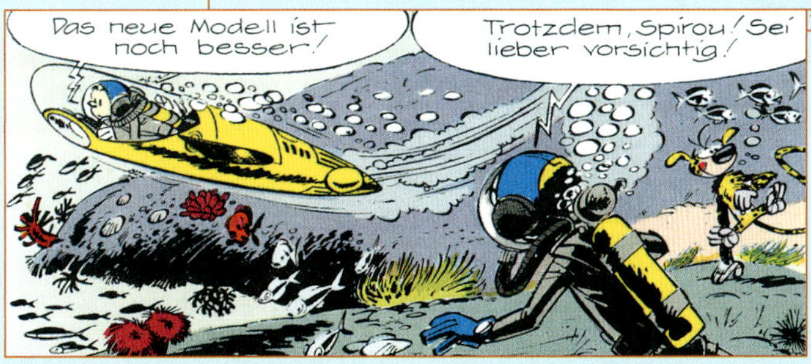

11 Ein Fisch ist nichts dagegen! Das U-Boot des Grafen.

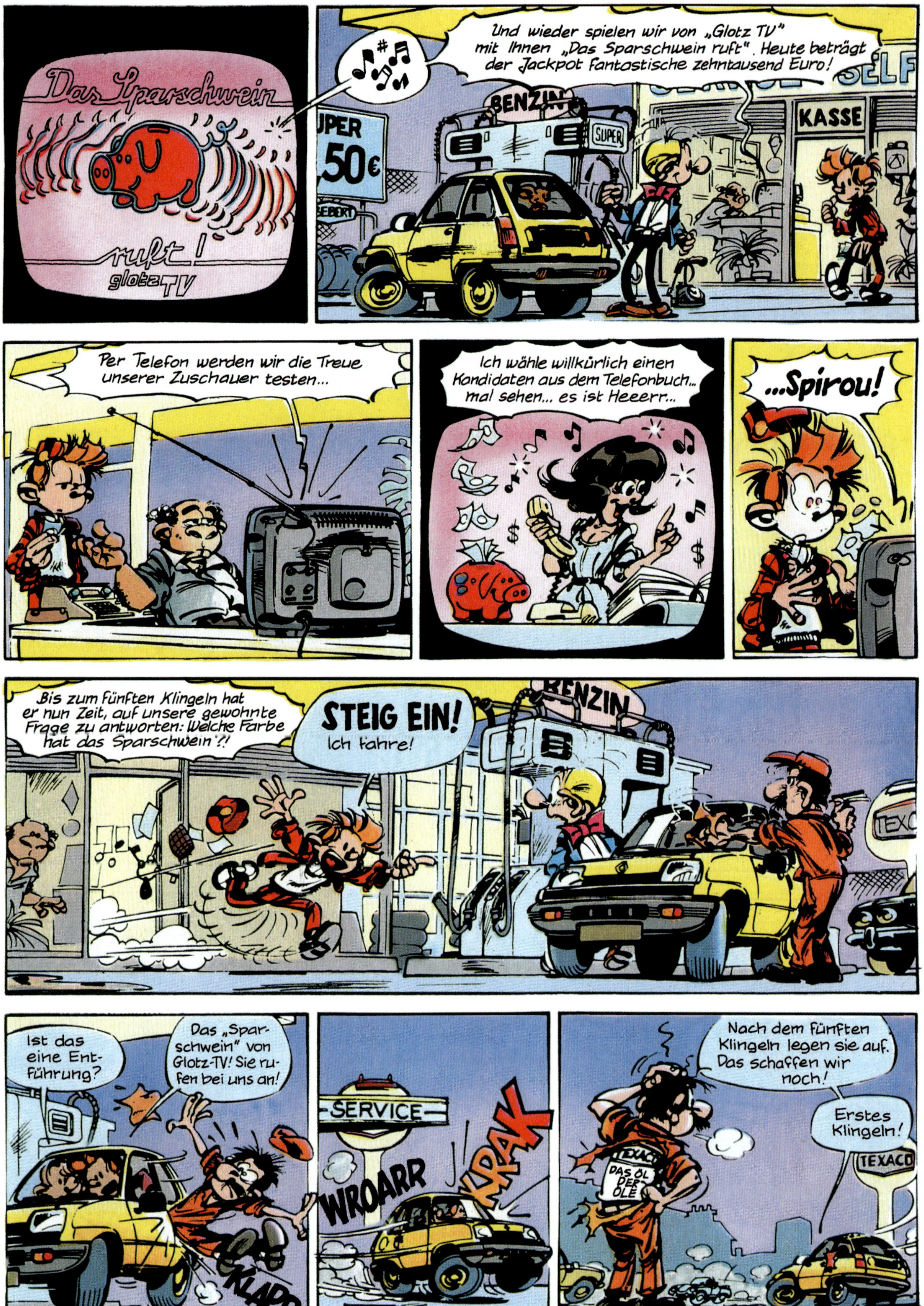
Das Sparschwein ruft!
glotz TV
Und wieder spielen wir von „Glotz TV" mit Ihnen „Das Sparschwein ruft". Heute beträgt der Jackpot fantastische zehntausend Euro!
BENZIN
SUPER
KASSE
Per Telefon werden wir die Treue unserer Zuschauer testen...
Ich wähle willkürlich einen Kandidaten aus dem Telefonbuch... mal sehen... es ist Heeerr...
...Spirou!
Bis zum fünften Klingeln hat er nun Zeit, auf unsere gewohnte Frage zu antworten: Welche Farbe hat das Sparschwein?!
STEIG EIN!
Ich fahre!
BENZIN
Ist das eine Entführung?
Das „Sparschwein" von Glotz-TV! Sie rufen bei uns an!
KLAPP
SERVICE
WROARR
KRAK
Nach dem fünften Klingeln legen sie auf. Das schaffen wir noch!
Erstes Klingeln!
TEXACO
DAS ÖL DER ÖLE
TEXACO

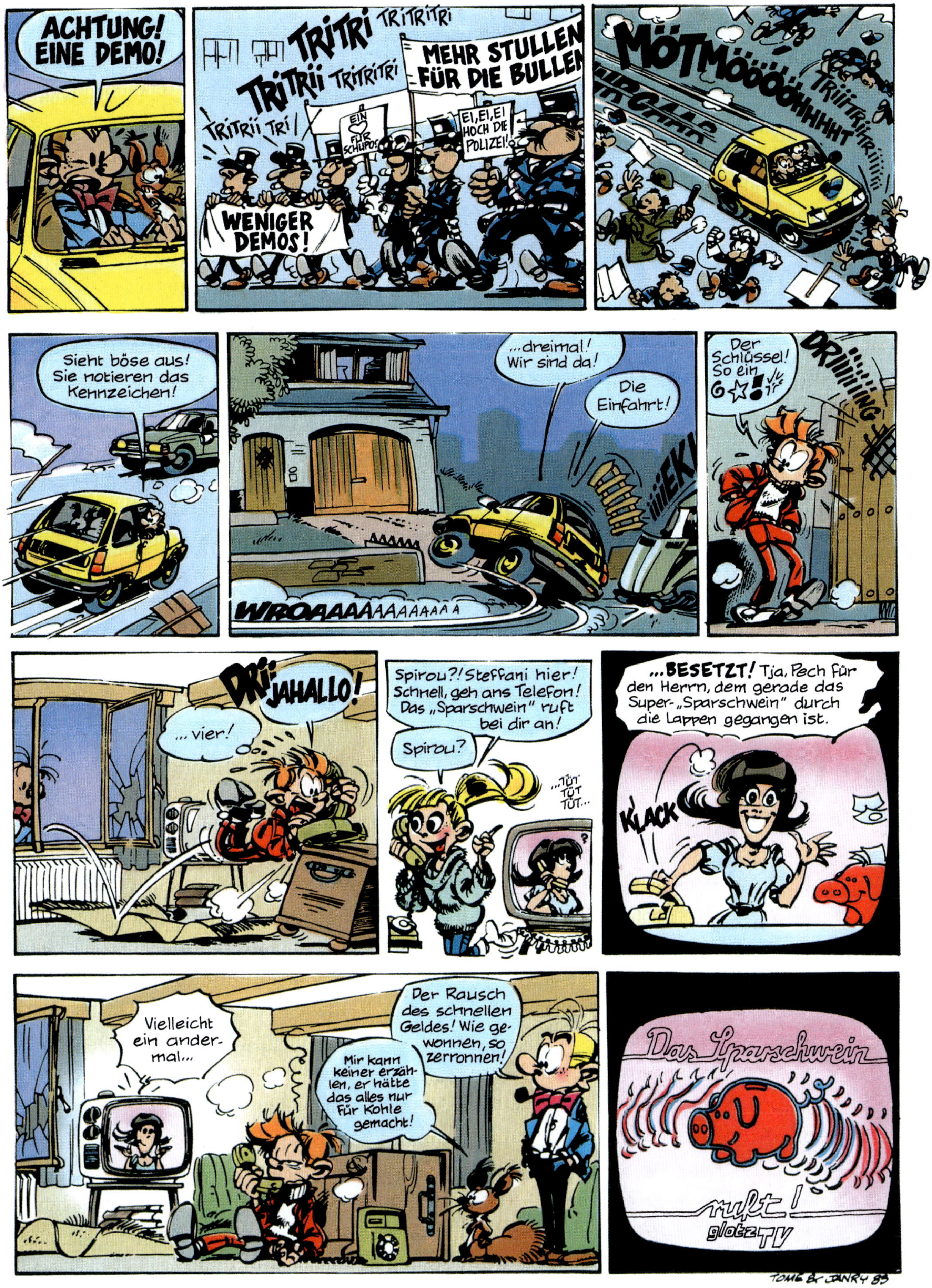
ACHTUNG! EINE DEMO!
TRITRI TRITRITRI
TRITRII TRITRITRI
TRITRII TRI
MEHR STULLEN FÜR DIE BULLEN
EIN ♡ FÜR SCHUPOS
EI, EI, EI HOCH DIE POLIZEI!
WENIGER DEMOS!
MÖTMÖÖÖÖÖHHHHT
TRIITRITRIIIIII
Sieht böse aus! Sie notieren das Kennzeichen!
...dreimal! Wir sind da!
Die Einfahrt!
WROAAAAAAAAAAA
Der Schlüssel! So ein G☆!
DRIIIIIIING
DRI JAHALLO!
... vier!
Spirou?! Steffani hier! Schnell, geh ans Telefon! Das „Sparschwein" ruft bei dir an!
Spirou?
...TÜT TÜT TÜT...
...BESETZT! Tja, Pech für den Herrn, dem gerade das Super-„Sparschwein" durch die Lappen gegangen ist.
KLACK
Vielleicht ein ander-mal...
Der Rausch des schnellen Geldes! Wie gewonnen, so zerronnen!
Mir kann keiner erzählen, er hätte das alles nur für Kohle gemacht!
Das Sparschwein ruft!
glotz TV
TOME & JANRY 83

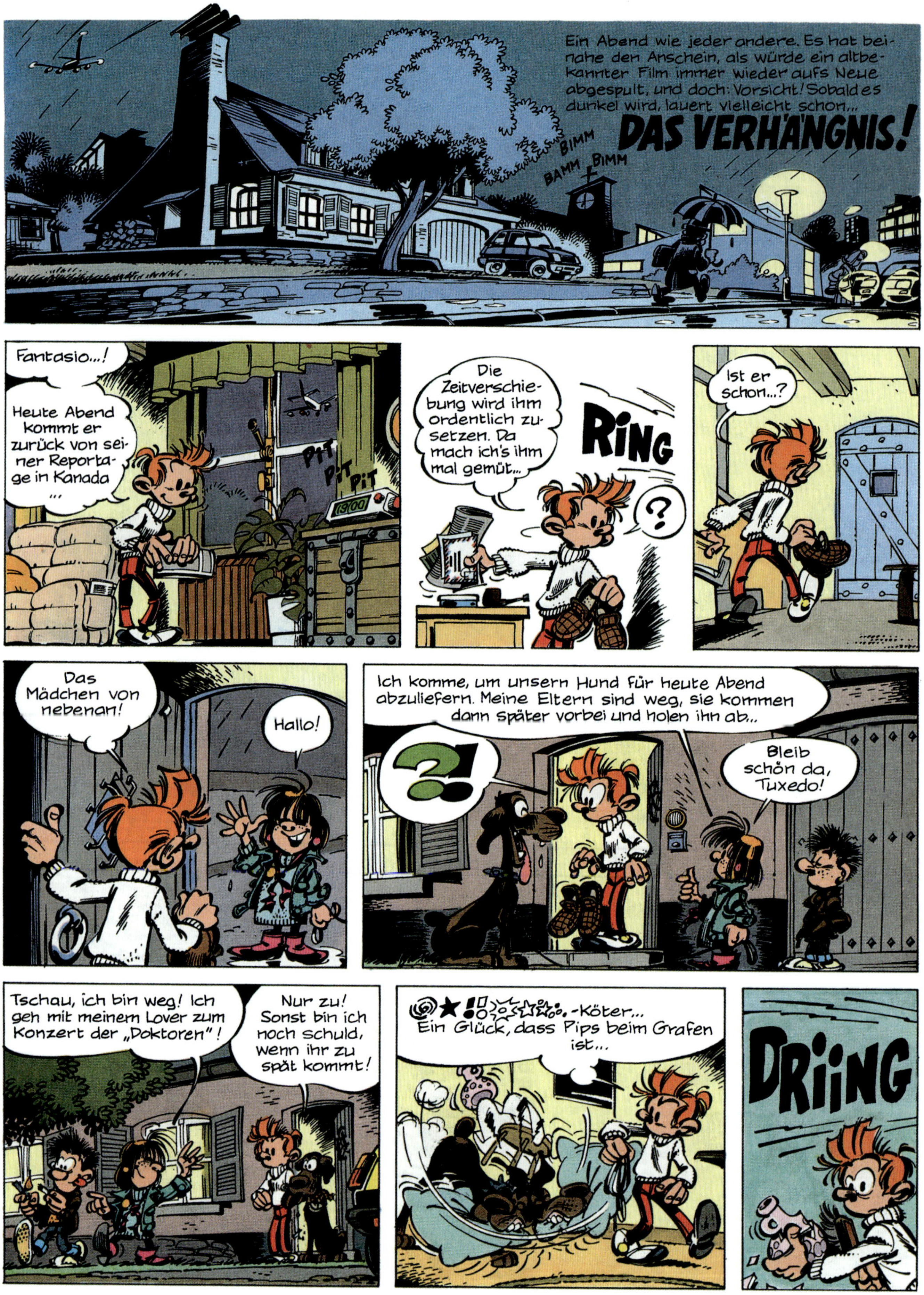

Ein Abend wie jeder andere. Es hat beinahe den Anschein, als würde ein altbekannter Film immer wieder aufs Neue abgespult, und doch: Vorsicht! Sobald es dunkel wird, lauert vielleicht schon...
DAS VERHÄNGNIS!
BIMM
BAMM BIMM
Fantasio...!
Heute Abend kommt er zurück von seiner Reportage in Kanada ...
PIT PIT PIT
Die Zeitverschiebung wird ihm ordentlich zusetzen. Da mach ich's ihm mal gemüt...
RING
?
Ist er schon...?
Das Mädchen von nebenan!
Hallo!
Ich komme, um unsern Hund für heute Abend abzuliefern. Meine Eltern sind weg, sie kommen dann später vorbei und holen ihn ab...
?!
Bleib schön da, Tuxedo!
Tschau, ich bin weg! Ich geh mit meinem Lover zum Konzert der „Doktoren"!
Nur zu! Sonst bin ich noch schuld, wenn ihr zu spät kommt!
-Köter...
Ein Glück, dass Pips beim Grafen ist...
DRIING

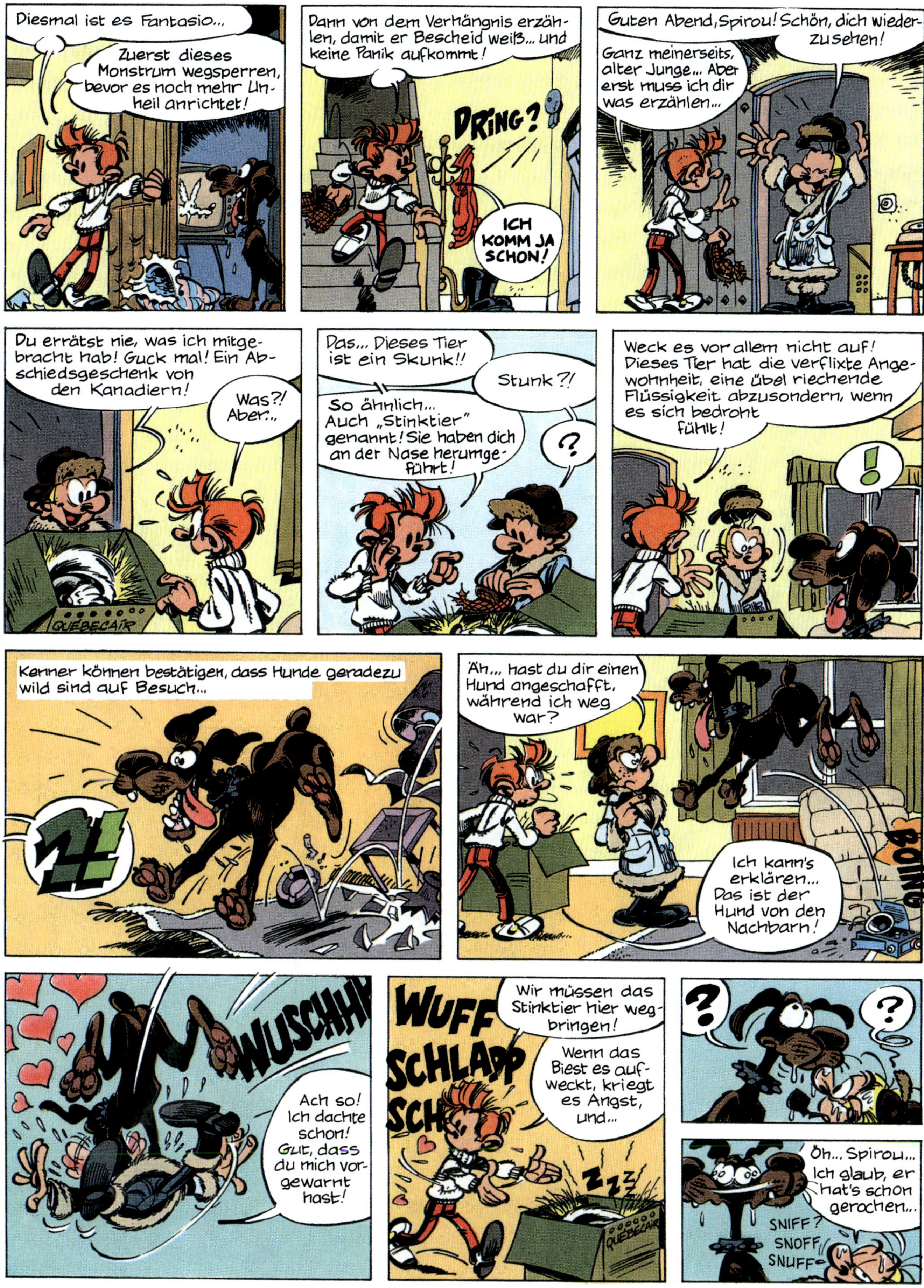
Diesmal ist es Fantasio...
Zuerst dieses Monstrum wegsperren, bevor es noch mehr Unheil anrichtet!
Dann von dem Verhängnis erzählen, damit er Bescheid weiß... und keine Panik aufkommt!
DRING?
ICH KOMM JA SCHON!
Guten Abend, Spirou! Schön, dich wiederzusehen!
Ganz meinerseits, alter Junge... Aber erst muss ich dir was erzählen...
Du errätst nie, was ich mitgebracht hab! Guck mal! Ein Abschiedsgeschenk von den Kanadiern!
Was?! Aber...
QUÉBECAIR
Das... Dieses Tier ist ein Skunk!!
Stunk?!
So ähnlich... Auch „Stinktier" genannt! Sie haben dich an der Nase herumgeführt!
?
Weck es vor allem nicht auf! Dieses Tier hat die verflixte Angewohnheit, eine übel riechende Flüssigkeit abzusondern, wenn es sich bedroht fühlt!
!
Kenner können bestätigen, dass Hunde geradezu wild sind auf Besuch...
Äh... hast du dir einen Hund angeschafft, während ich weg war?
BOING
Ich kann's erklären... Das ist der Hund von den Nachbarn!
WUSCHHH
Ach so! Ich dachte schon! Gut, dass du mich vorgewarnt hast!
WUFF
SCHLAPP
SCH
Wir müssen das Stinktier hier wegbringen!
Wenn das Biest es aufweckt, kriegt es Angst, und...
Z Z Z
QUÉBECAIR
?
?
Öh... Spirou... Ich glaub, er hat's schon gerochen...
SNIFF?
SNOFF
SNUFF

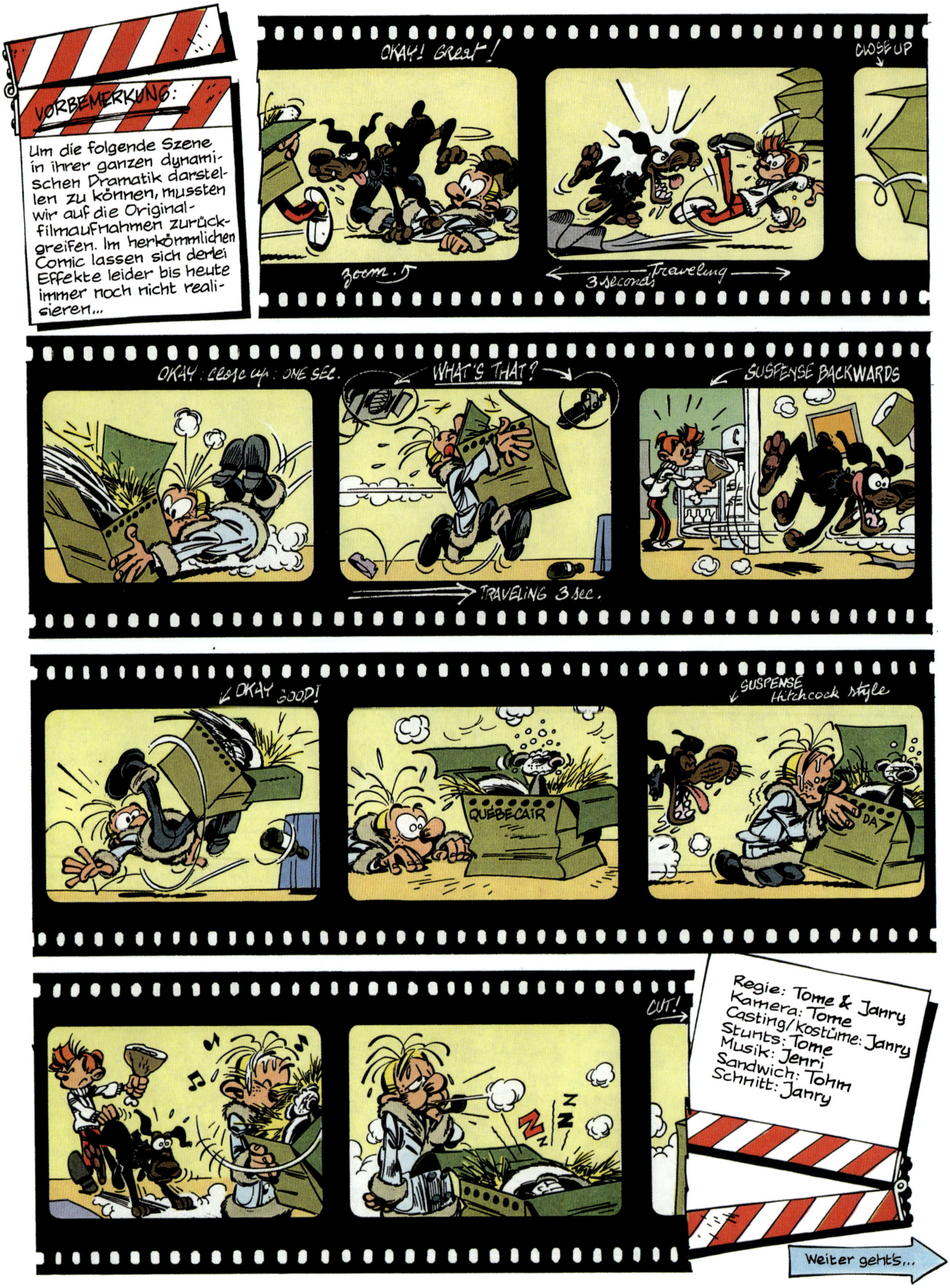
VORBEMERKUNG:
Um die folgende Szene in ihrer ganzen dynamischen Dramatik darstellen zu können, mussten wir auf die Originalfilmaufnahmen zurückgreifen. Im herkömmlichen Comic lassen sich derlei Effekte leider bis heute immer noch nicht realisieren...
OKAY! Great!
zoom.
3 seconds Traveling
CLOSE UP
OKAY: close up: ONE SEC.
WHAT'S THAT?
SUSPENSE BACKWARDS
TRAVELING 3 sec.
OKAY GOOD!
QUÉBECAIR
SUSPENSE Hitchcock style
DA
CUT!
Regie: Tome & Janry
Kamera: Tome
Casting/Kostüme: Janry
Stunts: Tome
Musik: Jenri
Sandwich: Tohm
Schnitt: Janry
Weiter geht's...

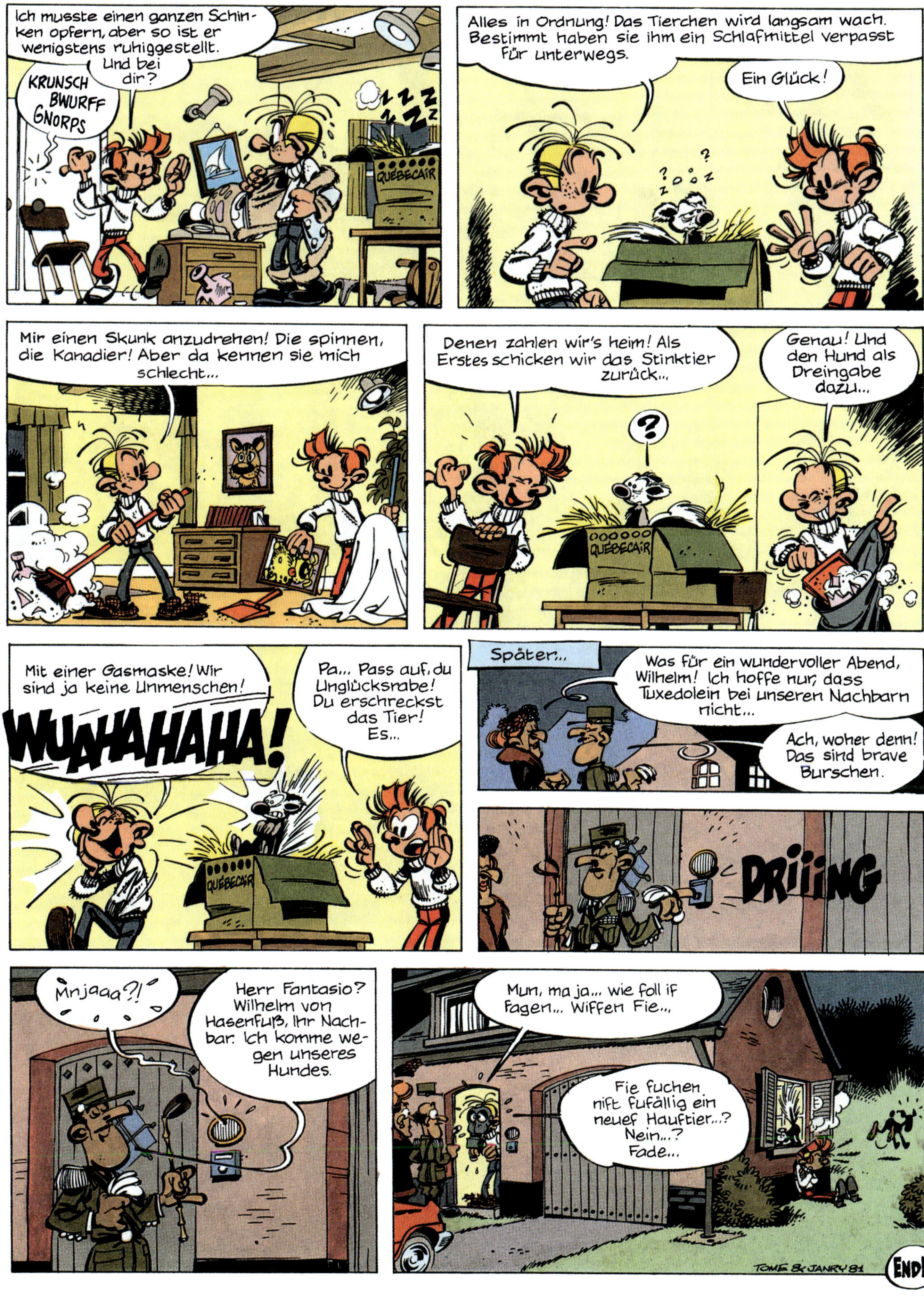
Ich musste einen ganzen Schinken opfern, aber so ist er wenigstens ruhiggestellt.
Und bei dir?
KRUNSCH BWURFF GNORPS
QUÉBECAIR
Alles in Ordnung! Das Tierchen wird langsam wach. Bestimmt haben sie ihm ein Schlafmittel verpasst für unterwegs.
Ein Glück!
Mir einen Skunk anzudrehen! Die spinnen, die Kanadier! Aber da kennen sie mich schlecht...
Denen zahlen wir's heim! Als Erstes schicken wir das Stinktier zurück...
Genau! Und den Hund als Dreingabe dazu...
QUÉBECAIR
Mit einer Gasmaske! Wir sind ja keine Unmenschen!
WUAHAHAHA!
Pa... Pass auf, du Unglücksrabe! Du erschreckst das Tier! Es...
QUÉBECAIR
Später...
Was für ein wundervoller Abend, Wilhelm! Ich hoffe nur, dass Tuxedolein bei unseren Nachbarn nicht...
Ach, woher denn! Das sind brave Burschen.
DRIIING
Mnjaaa?!
Herr Fantasio? Wilhelm von Hasenfuß, Ihr Nachbar. Ich komme wegen unseres Hundes.
Mun, ma ja... wie foll if fagen... Wiffen Fie...
Fie fuchen nift fufällig ein neuef Hauftier...? Nein...? Fade...
TOME & JANRY 81
ENDE

Die Reisen von SPIROU+FANTASIO

ACTION RUND UM DEN ERDBALL

Das Abenteuer pauschal gebucht!

Nichts ist aufregender als ein Tag im Leben von Spirou und Far tasio. Schließlich sind die beiden nonstop in Aktion und wisse beim Aufwachen nie, in welchem Land der Erde sie abends z Bett gehen oder in den Schlafsack kriechen werden. Nur eins is sicher: Überall warten halsbrecherische Missionen, exotische Ge fahren und durchtriebene Schurken auf die beiden Abenteurer.

AFRIKA

In »Aktion Nashorn« führt die Suche nach den Geheimplänen des neuen Superfahrzeugs Turbot I Spirou und Fantasio vom nordafrikanischen Bab-El-Blad quer durch die Steppe bis in die Savannen des Kongo. Und auch in Abenteuern wie »Goldminen und Gorillas«, »Im Reich der roten Elefanten« oder »Fauler Zauber in Afrika« ist der dunkle Kontinent mehr als nur exotische Kulisse.

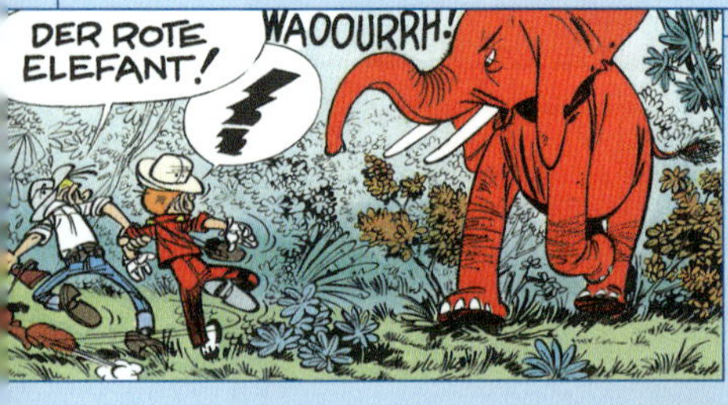

Dickhäuter? Von wegen! Auch Elefanten sehen rot!

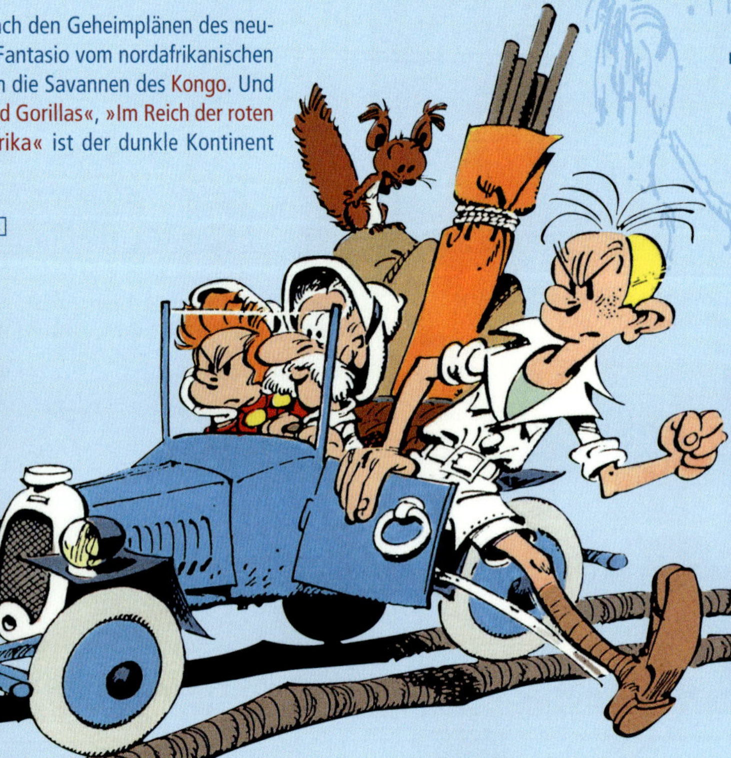

SÜDAMERIKA

Der südamerikanische Fantasiestaat Palumbien ist die Heimat des Marsupilamis, das Spirou und Fantasio im Rahmen einer »Aufregenden Erbschaft« finden und nach Europa bringen müssen. Als sie es im Album »Champignons für den Diktator« wieder in seinen heimischen Urwald zurückbringen wollen, treffen sie in Palumbien auf Fantasios Vetter Zantafio, der dort inzwischen als Diktator herrscht. Auch der genial-verrückte Zyklotrop schlägt in »Im Banne des Z« sein Hauptquartier

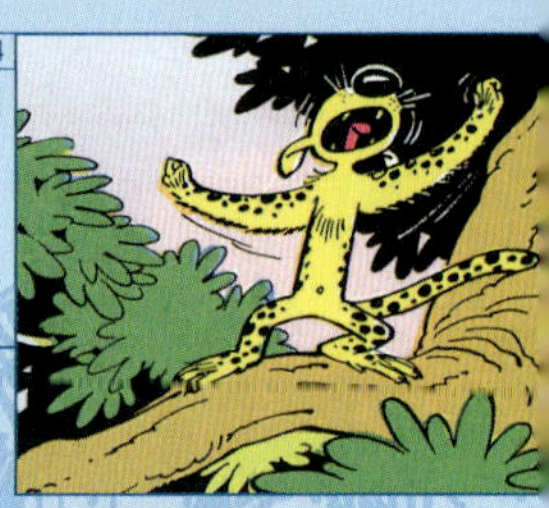

Der erste Blick auf … das Marsupil

in dem kleinen Land auf. In »Die Ruck-Zuck-Zeitmaschine« verschlägt es die Freunde bei einer Zeitreise gar in das von portugiesischen Eroberern besetzte Südamerika des 16. Jahrhunderts. Nur tollkühne Tricks retten sie vor den gefürchteten Palumbinos und den Folterkammern der Portugiesen...

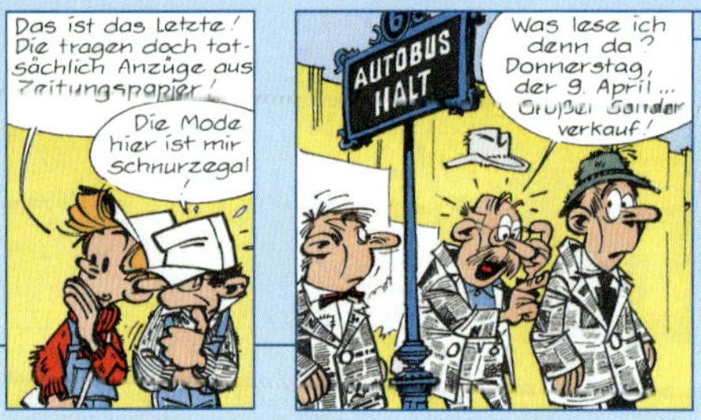

Armes Bretzelburg: Topmoden sind Nachrichten von gestern.

BRETZELBURG

Das kleine Fürstentum Bretzelburg irgendwo im Herzen Europas wird eigentlich von seinem König Ladislaus regiert. Doch in Wahrheit hat der säbelrasselnde General Schmetterling die Fäden in der Hand, der die Untertanen des Königs ein Leben unter absurdesten Bedingungen fristen lässt. So ruft Ladislaus per Amateurfunk um Hilfe und führt damit unsere Freunde mitten in die Geschichte »QRN ruft Bretzelburg« hinein.

AUSTRALIEN

Um den Grafen von Rummeldorf aus einer misslichen Lage zu befreien, stürzen sich Spirou und Fantasio in ein »Abenteuer in Australien«, und landen schließlich bei den Überbleibseln der sagenhaften Aborigine-Zivilisation Kaalson-Long. Kängurus, schwebende Ureinwohner und ein heiliger Opal sorgen in dieser Story für exotische Aufregung.

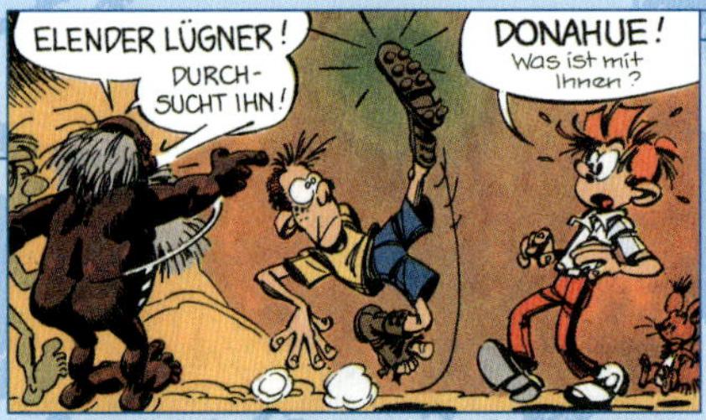

Der Zauberer der Aborigines ist schon mal zum In-die-Luft-Gehen.

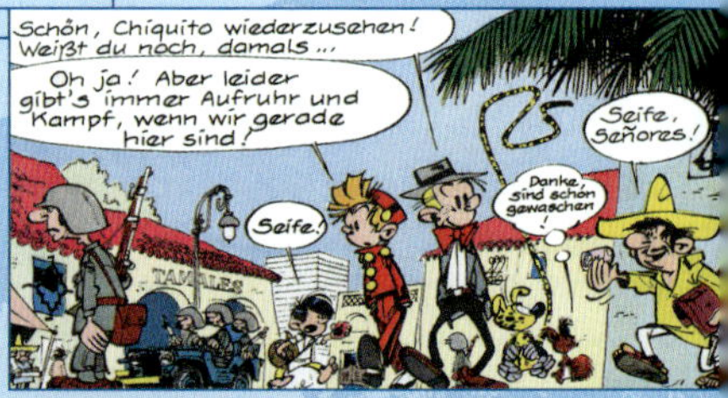

Palumbien im Banne des sauberen Herrn Zyklotro

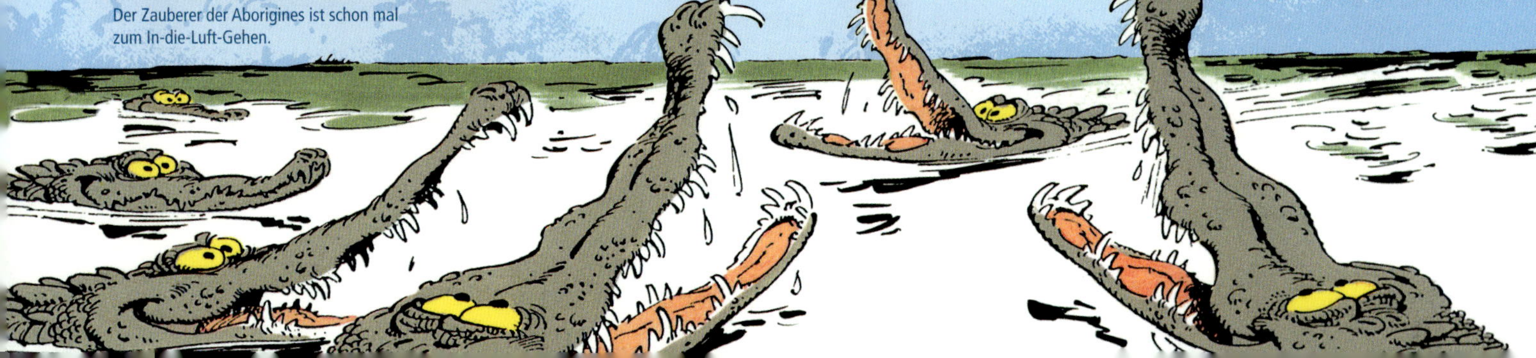

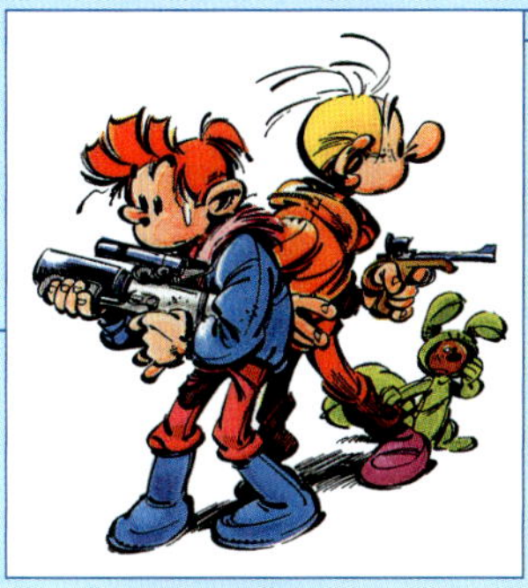

Im Kampf gegen einen eiskalten Killer.

SÜDPOL

Bereits in »Ein eisgekühlter Gast taut auf« unternimmt der Graf eine Expedition ins endlose Eis der Antarktis. Doch erst die Ereignisse um »Das geheimnisvolle Virus« treiben auch Spirou und Fantasio an den Südpol. Hier müssen sie eine von schrecklichen Krankheitserregern verseuchte Forschungsstation retten.

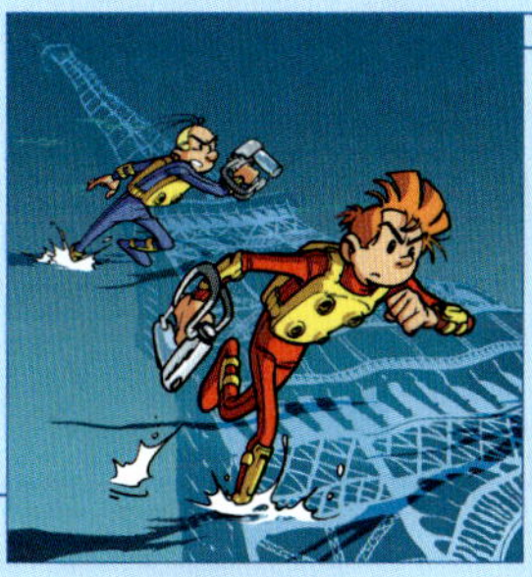

Paris geht baden. Spirou und Fantasio unterm 300-Meter-Brett.

PARIS & BRÜSSEL

Bei ihrem ersten Ausflug nach Paris bekommen Spirou und Fantasio gehörig nasse Füße: Miss Flanner, eine schräge Freundin des Grafen, hat die französische Metropole in »Flut über Paris« vollständig unter Wasser gesetzt. Noch fantastischer gestaltet sich der Besuch der Freunde im Pariser Marais-Viertel, bei dem es sie ins Jahr 1865 verschlägt, wo sie Zyklotrop zu Hilfe eilen, der in den »Sümpfen der Zeit« gestrandet ist. Ebenfalls in der Vergangenheit sind Spirous Erlebnisse in Brüssel angesiedelt, nur dass es sich bei »Porträt eines Helden als junger Tor« und »Operation Fledermaus« mitnichten um Zeitreisen handelt, sondern um Erzählungen aus den Jugendtagen des Pagen, der hier in den späten 1930er- bzw. frühen 1940-Jahren im berühmten Hotel »Moustic« gearbeitet hat.

Brüssler Jungs.

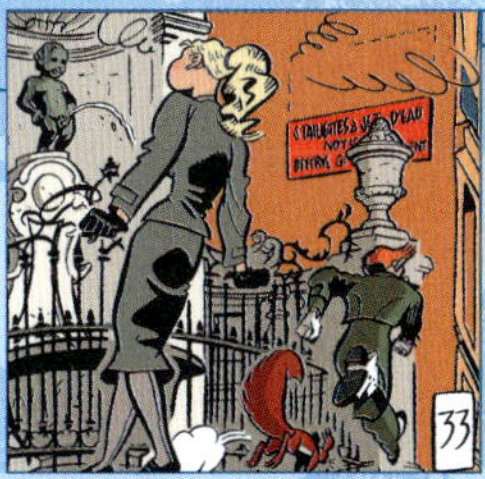

NEW YORK & MOSKAU

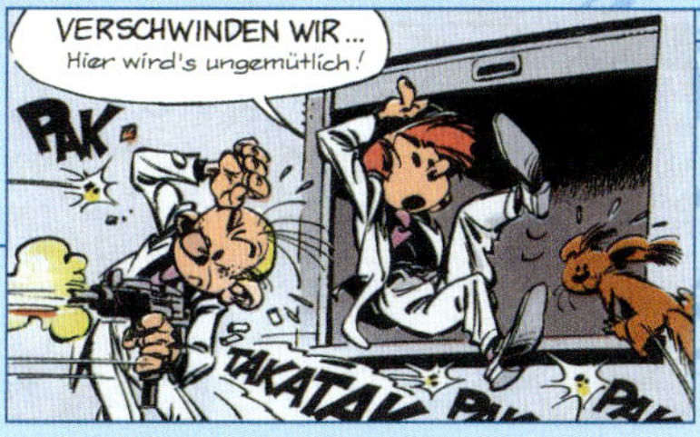

New Yorker Neu-Mafiosi auf dem Rückzug. Uuund Action!

Für ein »Abenteuer in New York« sorgt die Bekanntschaft der Freunde mit dem äußerst dubiosen Vito Cortizone, der Spirou und Fantasio in »Mafia, Mädchen und Moneten« gar ein weiteres Mal in den Big Apple lockt. Doch wie bei ihrem »Abenteuer in Moskau« bleibt ihnen kaum Gelegenheit für Sightseeing, denn in beiden Metropolen verschlägt es sie mitten in die Auseinandersetzungen verschiedener Mafia-Organisationen.

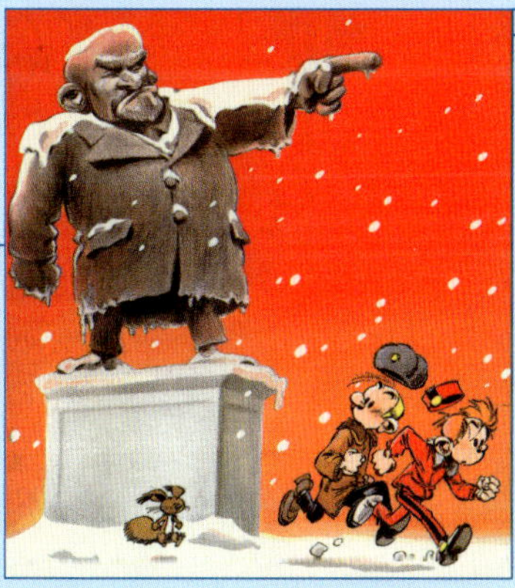

Genosse Lenin zeigt, wo's langgeht.

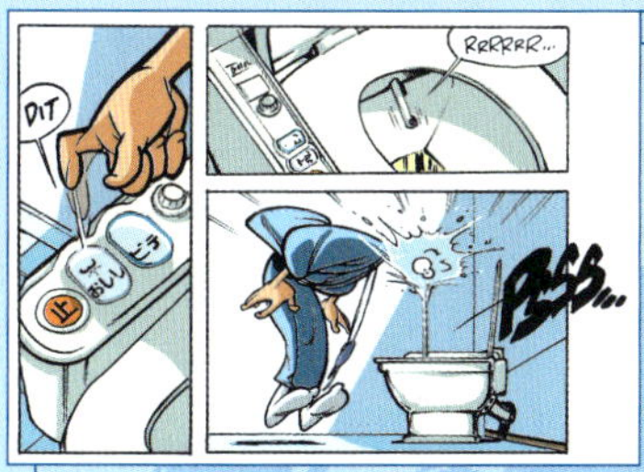

In der »elektronischen Stadt«: Fantasio kapituliert vor der vollautomatischen Toilette.

TOKIO

Hatten Spirou und Fantasio bei ihrer ersten Reise ins Reich der Aufgehenden Sonne (im Album »Zucker im Tank«) kaum Zeit, die japanische Hauptstadt zu erkunden, so holen sie das in »Spirou in Tokio« mit allen Schikanen nach: Von Akihabara, der »elektronischen Stadt«, über Ikebukuro West Gate Park, das zwielichtige Rotlichtviertel schlechthin, bis nach Shinjuku, ins Gebiet der gefährlichen Yakuza, der japanischen Mafiosi, hetzen die beiden Helden, um ihre Freundin Loon zu beschützen, ein Mädchen mit außergewöhnlichen mentalen Kräften.

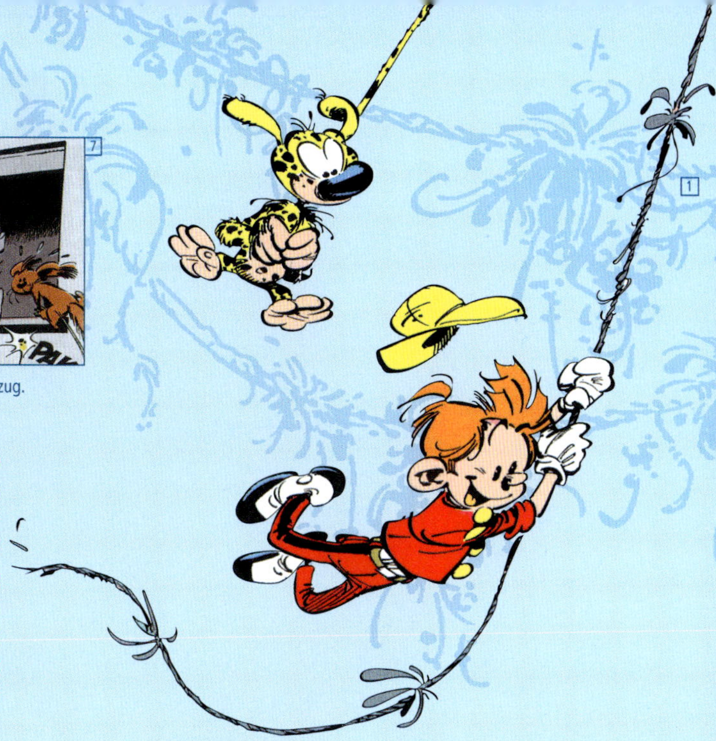

ASIEN

Im Abenteuer »Gefangen im Tal der Buddhas« befreien Spirou und Fantasio einen Wissenschaftler, dem es gelungen ist, die Schwerkraft außer Kraft zu setzen. In einer abgeschiedenen Festung des chinesischen Geheimdienstes geht's deshalb hoch her. Eine weitere Reise nach Asien führt die Freunde in »Kodo der Tyrann« und »Nichts als Bohnen« in den Kleinstaat Car-Toon, den sie von der Herrschaft des tyrannischen Kodo befreien. Im Himalaja muss sich Spirou im abgeschiedenen »Tal der Verbannten« gegen eine absurd-komische Tier- und Pflanzenwelt behaupten und auf die Spuren einer sagenumwobenen nepalesischen Eisprinzessin begeben, die ihn schließlich in die staubige »Gruft derer von Rummelsdorf« führen.

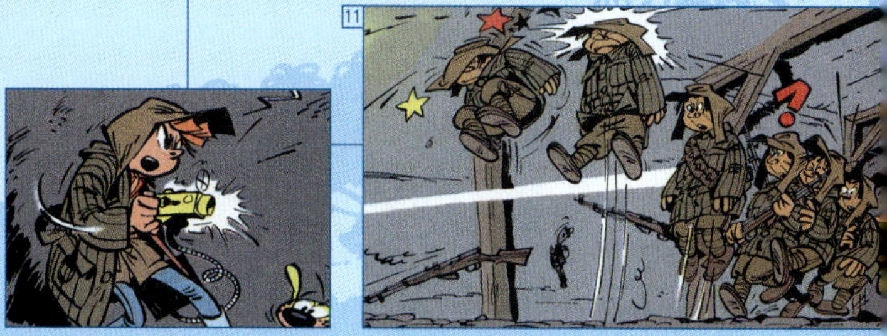

Dank des Gamma-Atom-Generators... ... geht es aufwärts im Tal der Buddhas!

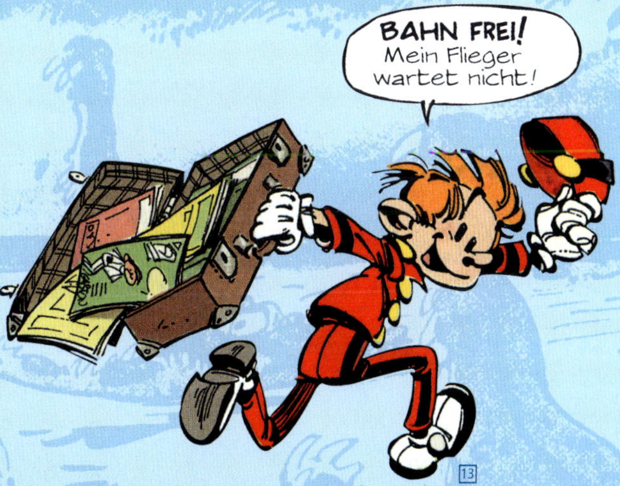

DER HUMMER

Auch unsere Helden brauchen einmal Urlaub! Wenn es soweit ist, fahren sie ans Meer... wie du und ich. Sonne, Wasser und Strand ... das haben sie sich doch auch redlich verdient!

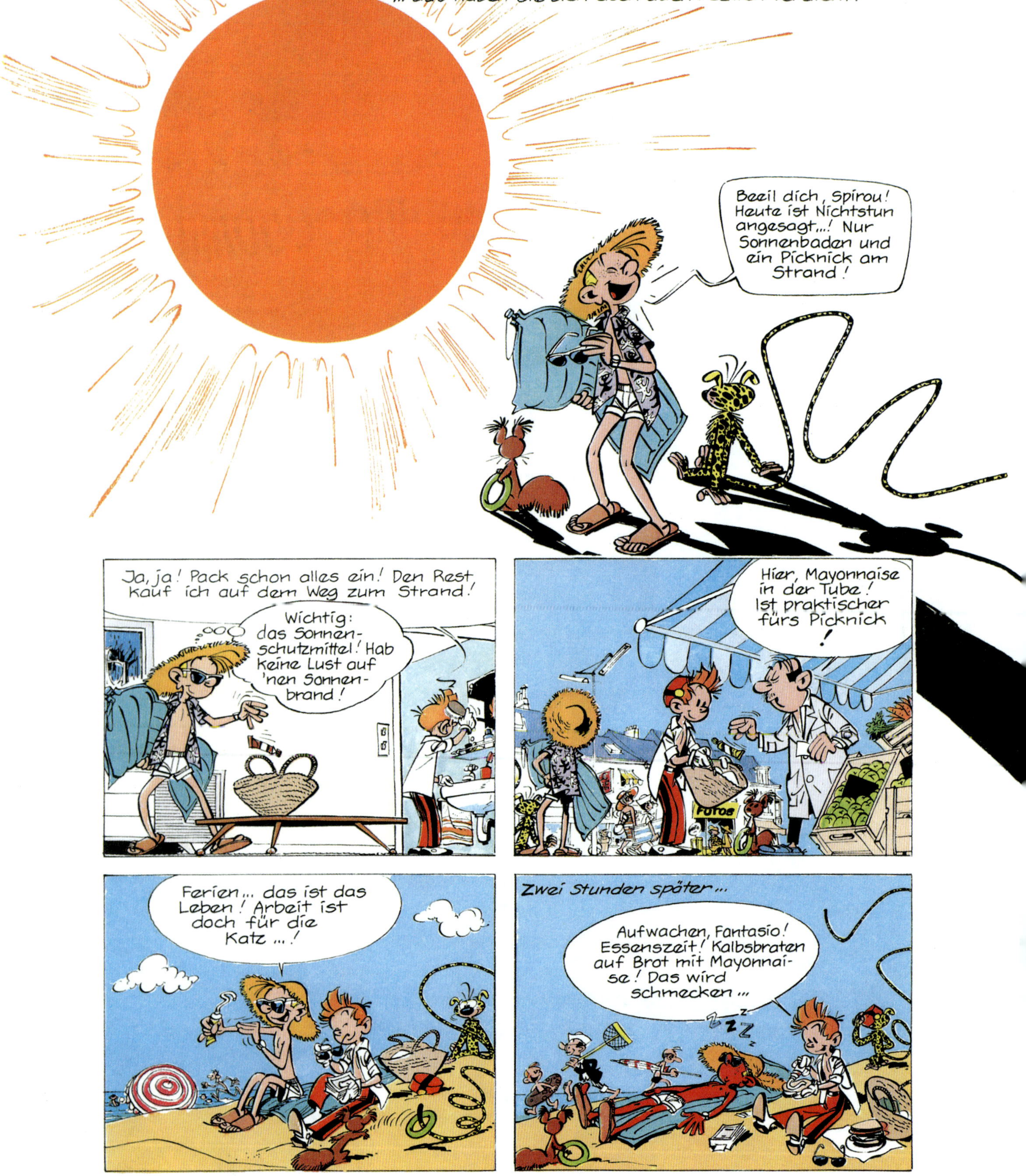